簡単だから毎日作れる

シニアごはん

教える人 野﨑洋光［分とく山］
教わる人 ヨネスケ

野崎さんのレシピは、
僕のようなシニア一人暮らしでも
「ちょっと作ってみようかな」と思う。
ぜんぜん難しくないし、
スーパーで買ってきた食材でも、旨いから！
自分で言うのもなんだけど、
食べていて「うめーな～」とつい声に出ちゃう。

そして何より、作っていて楽しいんだよ。
「魚は〝プロ〟に入れて汚れを落とす」。
「かぼちゃには豆板醤を入れると旨い」。
旨くなるコツ、つい人にも自慢しちゃうね。

この本のレシピで料理を作ると楽しいから、
一人暮らしでもわびしくない。
夫婦二人暮らしなら、
男性は奥さんから「こんなにおいしく作れるの！」と喜ばれるし、
女性はご主人から「料理の腕上げたな！」とほめられる。
僕も「牛肉の黄身たたき」（38ページ）と
「かぼちゃの南蛮煮」（50ページ）は自慢料理になってる。
楽しいから作る、作って食べるから健康でいられる。
僕らシニアにとって、理想的ですね。

ヨネスケ

〝シニアの健康は、毎日の料理が育む〟。
その思いで考えたのが、この本でご紹介した72品です。
一、レシピは、小学生が作れるほど簡単
二、味が濃すぎないから、食べ飽きない
三、火を通しすぎないから、柔らかい
毎日作ってもらえるよう、この3つを大切にしました。
〝簡単〟〝おいしい〟〝すぐ完成〟の**三拍子**そろうなら
「作ってみようかな？」と思うでしょう。
実際に作ったら
「これでいいんだ！」と拍子抜けするはずです。
でも毎日食べたくなるような、ほっとする料理が作れます。

食材は、冷蔵庫に入れておかなくていいんです。
毎日スーパーにお出かけしてください。
悪い食材は売っていません。

手を動かして、頭を使って、おいしく食べる。
何よりの健康の秘訣だと、私は思っているんです。
だから、ぜひ**料理を作って、元気でいてください**。

野崎洋光

目次

この本の決まりごと

◎小さじ1は5mℓ、大さじ1は15mℓ、1カップは200mℓ、1合は180mℓです。
◎電子レンジは、500Wまたは600Wのものを使っています。
◎この本で使っている調味料は、とくに記述がなければ
砂糖は上白糖、塩は自然塩、酢は穀物酢、醤油は濃口醤油、味噌は田舎味噌、酒は清酒、みりんは本みりんです。
◎小さじ、大さじ、軽量カップ、ざる(網よりも穴あきがベター)、ボウル、タイマーはぜひそろえてください。

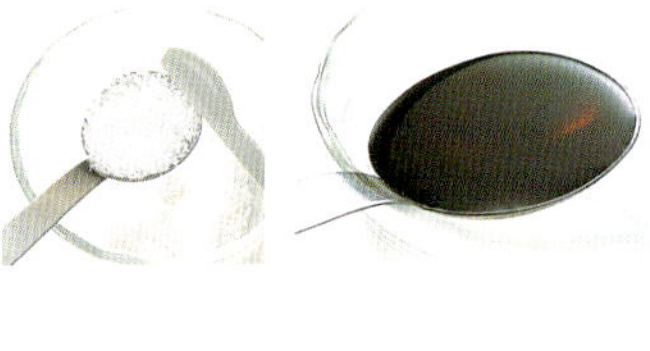

◎小さじと大さじは、塩や砂糖などの固体と
醤油やみりんなどの液体とで、計り方が違います。
1さじは、固体はすりきり(写真左)、
液体は盛り上がった状態(右)をいいます。

第三章 料理は食べるサプリです

第四章 便利なかえしつゆがあれば

料理はじめてシニアも、ベテランシニアも知っておきたい4つの基本

シニア暮らしの料理は、食材をためない、危なくない、無理して難しくしない、ということに尽きます。シニアになって料理を始めるかたもいれば、何十年も作ってきたベテランもいらっしゃるでしょう。すべてのかたに、次の４つの基本をお伝えしましょう。

一 鍋とフライパンは5つあれば充分。

二 ご飯のおいしい炊き方をマスター。

三 味噌汁は、だし汁がなくてもおいしい。

四 野菜の漬けものだって、簡単！

一　鍋とフライパンは5つあれば充分。

シニアになると暮らしをスリム化して、必要なものだけを持ちたいものです。鍋をたくさん持っていても、使うものは限られていませんか？　だからどんな料理も作れる便利なサイズだけ、最低限持っておきましょう。

私がおすすめするのはまず、フッ素樹脂加工のフライパン。深さが必要な煮ものなどを除いて、ほとんど何でも作れます。サイズは1～2人分に便利な直径20㎝と、多めに作るときや野菜をゆでるときの26㎝、この2つです。鍋は少量のときに使う15㎝と汎用性の高い18㎝、それに麺をゆでるときに欠かせない深さのある鍋、この3つです。本書でもこの5つを使っています。

いちど、キッチンを見直してみませんか？

フライパンは2つ

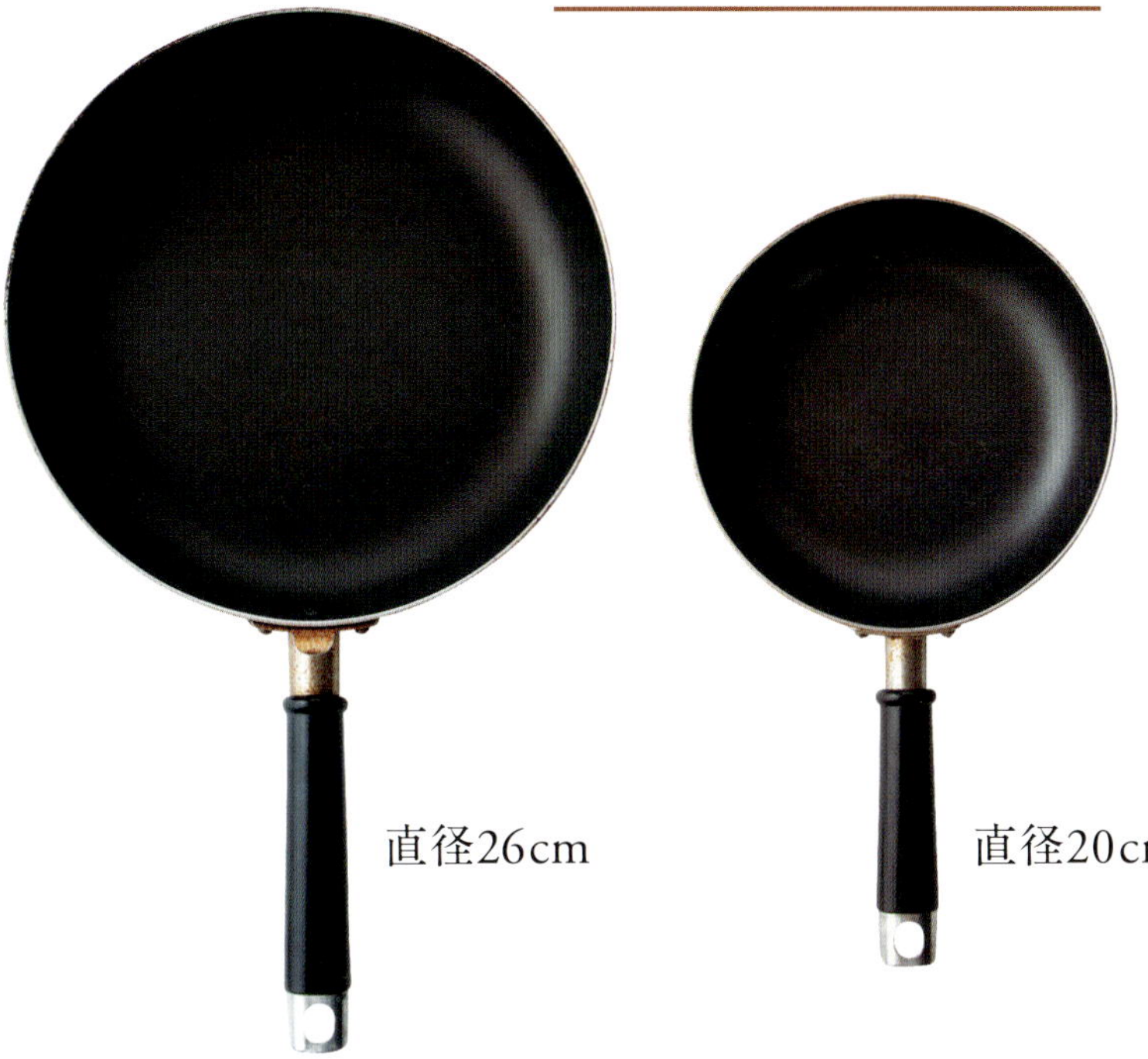

直径26cm

直径20cm

使い勝手がよいのは、何といってもフライパン。魚や肉を焼くとき、煮汁の深さがなくてもよい煮もの、少量の野菜をゆでるときなど、使い道がとても広くて便利。とくにフッ素樹脂加工のものは、油をなじませる必要がありません。

鍋は3つ

直径24cm、深さ10cm

直径18cm

直径15cm

素材にかぶるぐらい煮汁がたっぷり必要な煮ものには、やっぱり鍋が必要。たっぷりの湯の中で泳がせながらゆでる麺も同じです。

二　ご飯のおいしい炊き方をマスター。

炊飯器で絶品ご飯を炊きたいんです。

白飯

粒の立ったツヤツヤご飯を炊きましょう

まず最初に、お米は〝乾物〟だということを覚えておきましょう。**乾物だから、水でもどさないと、おいしく炊けません。**でもずっと水に浸けると表面が溶けやすくなり、粒の立ったご飯に炊き上がりません。15分水に浸けたら、ざるに上げて15分。すぐに炊かないときは、ざるに上げたままラップをかぶせて冷蔵庫に入れておけば、半日ぐらいは大丈夫です。

こうして、炊くときに新しい水を使うことで、雑味がなくすっきりして、米のおいしさを存分に味わえます。

それからもうひとつ、とても大切なこと。みなさん、炊飯器の中で保温し続けていませんか？　**保温はやめましょう。味がどんどん落ちていきます。**残ったらバットなどに移して、早めに粗熱をとります。食べるときに電子レンジで温めれば、炊きたてに近い味になりますよ。

器／寺園証太（宙）

米を浸水させるだけで、ぐんとおいしく炊けますよ。

材料(作りやすい分量)

米…2合(360㎖)

水…360㎖

1 米を洗う。両手でやさしくもむ。こすらないように。

● 1回目でしっかり汚れを落とすと、あとの洗米回数が減ります。

2 水を捨てて新しい水を入れ、同様にしてやさしくもみ洗いする。2回ほどくり返す。

3 水に浸けて15分おき、ざるに上げて15分おく。

● ざるに上げると水がきれるとともに、米の周りについた水が米に浸透していきます。無洗米も同様に浸水させましょう。

4 3と分量の水(米と同量、浸水させた米の0.9割)で、炊飯器の早炊きモードで炊く。

● 普通モードには浸水時間が設定されているので、浸水させた米を炊くとベチャベチャになります。

5 炊き上がったらしゃもじで全体にほぐす。

6 すぐに食べないときは、バットなどに移し、ぬれ布巾をかけておく。食べるときに電子レンジなどで温める。

● バットの下に箸などを置いて風通しをよくすると、早く冷めます。

yonesuke's voice

洗った水をきって新しい水で炊く、その〝お清め〟がおいしさの秘訣なんですね。昔、炊きたてのご飯に味噌をつけただけで、実にうまかったなー。おふくろの味ですよ。

味噌汁を作るときは、まずだし汁をとらないといけないから面倒……。

三

味噌汁は、だし汁がなくてもおいしい。

大根と油揚げの味噌汁

あさりの味噌汁

世界最強の味噌汁

味噌汁三種

具だくさんにして旨みも栄養もアップ

✚あさりの味噌汁　✚世界最強の味噌汁
✚大根と油揚げの味噌汁

シニアにおすすめしたい、いちばんの料理が、具だくさんの味噌汁。これとご飯だけで満足感がありますし、軽い一食なら充分です。**具から旨みが出るから、だし汁も必要ありません**。水でいいんです。

ここでご紹介するのは三種。まず、濃厚な旨みが出るあさりの味噌汁。次に豆腐、納豆、油揚げ、そして味噌。〝畑の肉〟といわれるほどたんぱく質を豊富に含む大豆加工品づくしの味噌汁。日本のトップアスリートが試合前に食べるという、最強の料理です。3つめは煮干しを一緒に煮て、だしをとりながら具としても食べる味噌汁。煮干しはカルシウムとその吸収を助けるビタミンDを併せ持つので、シニアが摂りたい食材です。どれも**鍋で煮るだけ、簡単にできますし、汁ものは吸収がよい**ので、ぜひ楽しんでください。

具に旨みがあれば、水でいいんですよ。

✚ あさりの味噌汁

材料(2人分)
あさり(殻つき)…200g
水…400㎖
昆布…5㎝角1枚
味噌…30g
わけぎ(小口切り)…適量
塩…適量

① あさりを塩水で砂抜きし、水の中で殻ごとこすり洗いし、汚れを取る。水を替えて2分浸け、適度に塩抜きし、水気をきる。

② 鍋に①、分量の水、昆布を入れて火にかけ、沸いてあさりの口が開いたらアクをすくう。味噌を溶き入れ、椀に盛り、わけぎをのせる。

✚ 世界最強の味噌汁

材料(2人分)
木綿豆腐…½丁
油揚げ(1㎝幅の短冊切り)…½枚分
車麩…1枚
納豆…1パック
水…400㎖
煮干し…3本
味噌…30g
わけぎ(3㎝長さ)…2本分

① 油揚げはざるに入れて熱湯をかけ、油抜きする。鍋に分量の水と煮干しを入れ、味噌を溶き入れる。豆腐を手でちぎって加え、油揚げも加える。

② 車麩を手で割りながら加え、納豆とわけぎも入れて火にかける。ひと煮立ちしたら椀に盛る。

✚ 大根と油揚げの味噌汁

材料(2人分)
大根(1㎝幅の拍子木切り)…100g
油揚げ(1㎝幅の短冊切り)…½枚分
長ねぎ(1㎝幅の小口切り)…1本分
水…400㎖
煮干し(頭とワタを取る)…3本分
味噌…30g

① 油揚げは熱湯をかけて油抜きする。鍋に水と大根を入れ、煮干しを加える。

② 火にかけて沸騰したら弱火にし、大根が柔らかくなるまで煮る。油揚げと長ねぎを入れ、味噌を溶き入れる。

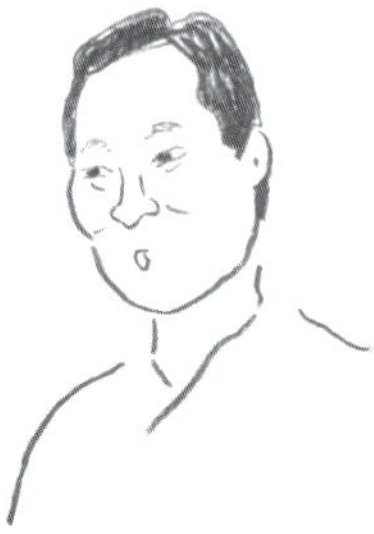

お漬けものを買ってくると、何か味気ないんです。

四　野菜の漬けものだって、簡単！

キャベツとかぶの浅漬け

即席漬け二種

漬けもの四種

すぐに作れるから毎日できる！

- キャベツとかぶの浅漬け
- 即席漬け二種
- 味噌ヨーグルトぬか漬け風

ご飯と一緒に、毎日食卓にほしい漬けもの。「市販のものは塩分が心配」、「何か味気ない……」というかたも、簡単に、しかも短時間でできるなら毎日作れますね。

浅漬けと即席漬けのポイントは、**野菜をぬるめの湯にくぐらせること**。塩味のとんがりがとれ、火が入ることで細胞が動いて、生のようでありながら味がしみ込みやすくなります。即席漬けはすぐにできるので、食べるたびに作りましょう。

ぬか漬けも、用意するのは**発酵食品の味噌と、乳酸菌たっぷりのヨーグルト**。混ぜるとぬか床とほぼ同じ作用があるので、野菜を漬けるだけ。少量から作れ、4時間で食べられます。2～3日おくと古漬けになりますよ。

上の皿／吉井史郎、中の皿／平野寅和、下の皿／木曽志真雄（いずれも宙）

即席で、絶品のお漬けものが作れますよ。

✚キャベツとかぶの浅漬け

材料（2人分）

キャベツ…200g
かぶ（葉つき）…1個（100g）
塩…大さじ1

塩水
水…100mℓ
塩…1.5g
昆布…5g

1 塩水を作る。昆布を1cm幅×2.5cm長さの短冊切りにする。鍋に水、塩、昆布を入れて火にかけ、ひと煮立ちしたら冷ます。

2 キャベツは5cm角に、かぶは半月の薄切りに、かぶの葉はきざむ。すべてをボウルに入れる。塩をまぶして15分おく。

しんなりさせて、もんだときに割れないようにします。

3 手でもんで塩をなじませる。

4 ざるに入れ、70℃の湯に10秒浸け、冷水にとって水気をよく絞る。

5 ビニール袋に1と4を入れる。

6 空気を抜くようにしながら袋の口を結び、冷蔵庫でそのまま30分以上おく。最長で5日ほどもつ。

yonesuke's voice

漬けもの石がなくても、
ちゃんと漬けものの味がする！
なすやきゅうり、小松菜やパプリカでも
できるそうだから、作ってみますよ。

←p.14に続く

即席漬け二種

材料(2人分)

かぶの即席漬け
- かぶ(葉つき)…1個(100g)
- 塩…5g

白菜の即席漬け
- 白菜…150g
- 塩…7.5g

a 塩でしんなりさせておかないと、手でもんだときに割れてしまいますよ。

b 箸でほぐすようにして、まんべんなく湯が当たるようにしましょう。

➀かぶは葉を3cm残して切り落とし、半月の薄切りにする。切り落とした葉はきざむ。ボウルに入れて塩をまぶし(a)、10分おく。

➁白菜の軸は1cm幅×4cm長さに切る。葉は5cm角に切る。これらをボウルに入れて塩をまぶし、10分おく。

➂しんなりしたらそれぞれ手でもみ、5分おく。それぞれざるに入れ、70℃の湯に10秒浸し(b)、冷水にとって水気をよく絞り、器に盛る。

味噌ヨーグルトぬか漬け風

✚味噌ヨーグルトぬか漬け風

材料（作りやすい分量）

漬け床
- 味噌…100g
- ヨーグルト（無糖）…30g

お好みの野菜（きゅうり、なすなど）…適量
塩…野菜の重量の2％量

① 食品用保存袋に味噌とヨーグルトを入れ、袋の上からよくもんで混ぜ、漬け床を作る。

② きゅうりは半分に、なすとにんじんは縦半分に、長いもは縦4等分に切る。塩をふる。

③ まな板の上で転がし、そのまま15分おき、水で洗う。

●塩は粒子が固いので、こすると野菜の表面に細かい傷がついて、漬かりやすくなります。

④ 野菜の水気を拭き、①の漬け床に入れる。

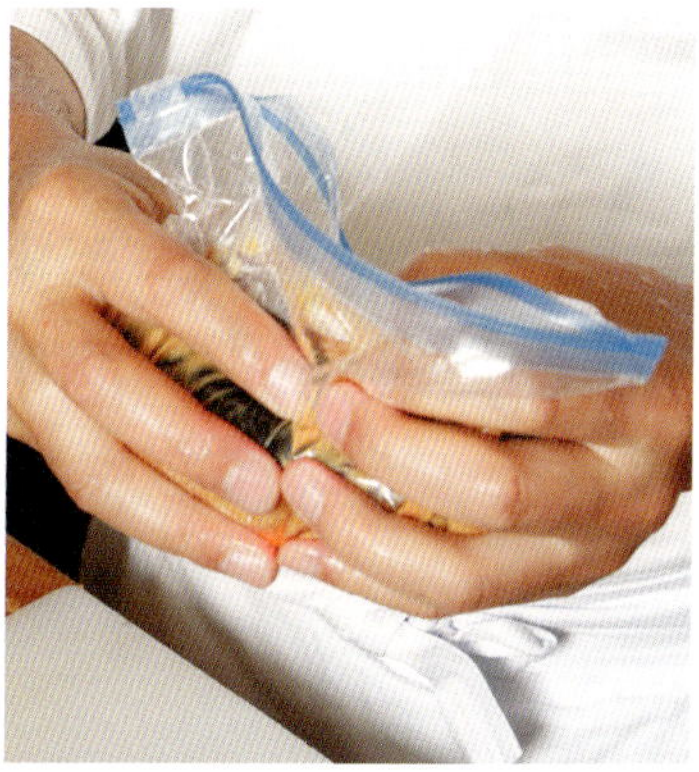

⑤ 袋の外から軽くもみ、漬け床を行きわたらせる。空気を抜きながら口を閉じる。

⑥ 冷蔵庫で4時間ほど漬け、洗って適宜切り分ける。

●漬け床は3回ほど使えます。1回使ったあと、湯に溶けば即席味噌汁にもなりますよ。

これでいいんだ！　だし汁のとり方

かつお節と昆布でとるだし汁は、具の少ない味噌汁や旨みを補いたい煮もの、おひたしなど、何かと活躍します。とり方はいたって簡単。ポットのお湯で大丈夫。時間も数分だから、毎日とることができます。味はすっきりと上品。薄いと感じるかもしれませんが、塩を加えるとぐっと旨みが引き立ってきます。

材料（作りやすい分量）
昆布…5cm角1枚
削り節…10g
湯…1ℓ＋500mℓ

①一番だしをとる。ボウルに湯1ℓを入れ、昆布と削り節を入れる。

●熱湯でかまいません。ボウルが熱をうばって、だしをとるのに最適な80〜85℃に下がります。

②そのまま1分おく。

●削り節が湯の真ん中を漂う状態がいいんです。

③ざるでこす。透明感のある上品なだしがとれる。

④二番だしをとる。③の昆布と削り節をボウルに戻し、熱湯500mℓを注ぎ、5分おく。ざるでこす。

●だしをとり終えた昆布と削り節は、刻んでポン酢醤油に浸けておけば、ご飯のお供になります。

第一章

メインになる魚料理と肉料理

動物性のたんぱく質に加え、脂やビタミンを多く含む魚や肉は、献立の主菜として一日に一度は食べたいもの。どちらにも共通するのは、火を入れすぎないこと！　火を入れすぎると、旨みが抜けておいしくなくなるうえ、固くなるのでシニアには食べづらくなります。

魚料理が食べたいんですが、おろせないんですよ。

フライパンで焼くシンプル塩焼き

さばのひと塩焼き

魚料理をご紹介するとき、私は切り身をおすすめしています。最近では質が上がり、悪いものは売っていません。おろす手間がいらず、内臓などの生ゴミも出ないのでとても便利。これなら魚料理が作りたくなりませんか？

　魚料理では、まず**両面に塩をふって15分ほどおくのがセオリー**です。臭みを持つ水分が出て、代わりに塩味がつき、旨みも増すので、素材の持ち味が存分に味わえます。塩焼きも同じです。この塩味だけで足りないようなら、食べるときに醤油で加減するといいでしょう。

　焼くときは、コンロの魚焼きグリルを使うと掃除が大変なので、**フライパンで焼くと楽**。蓋をして蒸し焼きにするから、ふっくらジューシーに仕上がります。

器／林 健二（宙）

材料（2人分）

さばの切り身…4切れ
塩…適量
サラダ油…適量
レモン（くし形切り）…2切れ
大根おろし…適量
醤油…適量

yonesuke's voice

こんなに皮がパリパリで身がふっくらした焼き魚、食べたことない！ しかも上品な味。今までの常識と、全部違います。グリルより簡単で、上手に焼けそうです。

①さばの切り身の皮側に×の切り目を入れ、両面に塩をふり、20分ほどおく。

●塩をふる作業、忘れないでください。おいしさが全然違います。

②水で洗い、水気を拭き取る。

③フライパンにサラダ油を薄くひき、②を皮を下にしてのせ、蓋をして中火にかける。

●フライパンが冷たい状態から火にかけると、皮が反らないので、均一に焼けます。

④ときどきフライパンをゆすり、全体に白くなって、皮がこんがりと焼けたら裏返す。少し火を弱める。

⑤途中、出てきた余分な脂をペーパータオルで拭き取りながら、蓋をせずに焼く。器に盛り、レモンと大根おろしを添え、醤油をかける。

●蓋をすると、せっかくパリッと焼いた皮がしんなりしてしまいます。レモンはすだちやゆずなどでも。

切り身を使えばいいんです。今の時代、悪いものは売っていませんから。

白いご飯が進む定番の魚料理

ぶりの照り焼き

白いご飯によく合う魚の照り焼き。これもフライパンで簡単に作れます。**煮汁の中で魚を軽く煮たらいったん取り出すのがポイント**です。煮汁だけを煮詰めて濃厚なたれを作ったら、ぶりを戻してからませるだけ。簡単でしょう。**煮続けないので、身が柔らかくジューシー**。口の中で魚がほぐれていきます。最初の煮汁が多いかな、と思っても大丈夫。酒の量が多いので、すぐに蒸発してくれます。

材料(2人分)

ぶりの切り身(1切れ80g) … 2切れ
塩 … 適量
小麦粉 … 適量
サラダ油 … 小さじ1
たれ｜みりん … 150mℓ
　　｜酒 … 90mℓ
　　｜醤油 … 30mℓ

①ぶりの両面に塩をふり、15分おく。水で洗って水気を拭き、小麦粉をはけで薄くまぶす。
②フライパンにサラダ油を入れ、①を入れて強火にかけ、ぶりに香ばしい焼き色がついてきたら裏返す。途中、出てきた余分な脂はペーパータオルで拭き取る(a)。
③たれの材料を加え、少し煮たらぶりを裏返し、いったん取り出す。取り出した間にも余熱で火が通る。
④強火のまま、たれを焦がさないようにしながら煮詰め、泡が大きくなったら③を戻し(b)、からませながら照りよく仕上げる。

a 余分な油を拭き取ると、カロリーダウンしながら、すっきりした味になり、胃にもたれにくくなります。

b ぶりをずっと煮続けると、固くなっておいしくありません。たれだけを煮詰めて、仕上げにからませます。

ほったらかしで焼ける簡単おかず

鮭とじゃがいものホイル焼き

ホイル焼きは、材料をアルミ箔で包んで焼くだけ。**焼きっぱなしででき上がるから、とても簡単**です。器があまり汚れず、まな板もほとんど使わないので洗いものが楽なのも、シニアにはうれしい料理です。

ここで**大切なのは、甘塩鮭を使うこと**。塩焼きで「魚料理では塩をふっておくのがセオリー」と言いましたが、塩鮭なら必要ありません。野菜はお好みのものでかまいませんよ。

材料(2人分)

甘塩鮭の切り身 … 2切れ
じゃがいも … ½個
ししとう … 4本
ヤングコーン … 2本
バター … 10g×2切れ
塩 … 少量
こしょう … 少量

①じゃがいもは皮つきのままゆでて、半分に切る。魚焼きグリルの火をつけ、温めておく。
②長さ50㎝のアルミ箔を2枚用意し、それぞれに甘塩鮭、①のじゃがいも、ししとう、ヤングコーンを半量ずつ並べ、バターをのせる。塩、こしょうをふる(a)。
③アルミ箔で包み、両端もきちんと折る(b)。
④魚焼きグリルに入れ、15分ほど焼く。

a 鮭の上にバターをのせると、焼く間に溶けて、風味が全体に行きわたります。

b 手前からかぶせ、周りを折りたたむと開くのが楽。蒸し焼き状態になるよう、きっちりと包みましょう。

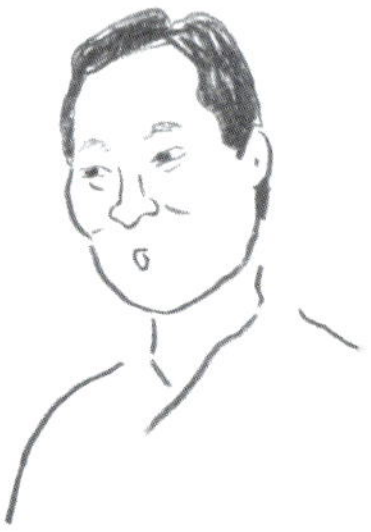

煮魚って、おいしく作るのが難しそうですよね。

鯛の淡煮

煮込まないから柔らかくてジューシー

煮魚は、煮込んではいけません。しっかり火を入れて殺菌する時代もありましたが、今は新鮮なものしか売っていません。**水から火にかけて、沸いたら火を弱めて1分煮るだけ**。それでいいんです。柔らかいので食べても歯に当たらず、旨みが口いっぱいに広がります。

野菜や根菜も一緒に煮るといいでしょう。ひと皿で栄養バランスがよくなるだけでなく、**魚と野菜の旨みの相乗効果で、ぐんとおいしくなります**。

残ったときやひと皿で食事をすませたいときは、ゆでたそうめんを入れて、具だくさんのにゅうめんでどうぞ。黒こしょうをふると、味わいに変化がつきます。

沸いたら1分煮るだけ。絶対に失敗しませんよ。

材料（2人分）

鯛の切り身…2切れ
塩…適量
しいたけ（軸を切る）…2個
長ねぎ（5cm長さ）…½本分
長ねぎの青い部分…1本分
豆腐（半分に切る）…¼丁分
煮汁
水…300mℓ
醤油・酒…各25mℓ
昆布…5cm角1枚

① 鯛の両面に塩をふり、20分おく。

●焼き魚と同様、煮魚でもこの作業を忘れずに。煮汁と魚の旨みが行き来しやすくなり、味わいが増します。

② 鍋に湯を沸かす。長ねぎの表面に斜めに切り目を入れ、しいたけとともに湯に入れて20秒ほど浸け、引き上げる。

●素材は〝お風呂〟に入れるとすっきり仕上がります。魚や肉も同様です。

③ 同じ鍋に①を入れて10秒ほど浸け、表面がうっすら白くなったら水にとって、水気を拭く。

④ 鍋に②、③、豆腐、煮汁の材料を入れて中火にかける。

⑤ ひと煮立ちしたら長ねぎの青い部分を加え、火を弱めて軽く沸く状態にし、1分ほど煮る。ねぎが柔らかくなったのを目安に、器に盛る。

yonesuke's voice

段取りの最初に塩をしておけば、あとは楽だね。その塩は普通のものでいいっていうんだから、安心。にゅうめんは〆のごはんにもいい。一人で飲んでても、これなら寂しくないね。

●電子レンジで、煮魚を簡単に

「鯛の淡煮」は電子レンジでも作れます。作り方③まで同じにし、そのあと耐熱の器に全部の材料を入れて、ラップをかぶせ、電子レンジに約2分かけるだけ。冷めると固くなりやすいので、食べる直前にレンジにかけましょう。

トマトの旨みと酸味でさっぱり美味に

いわしのトマト煮

煮ものにトマトなんて！　と思われるでしょうが、トマトは旨みが抜群に強い素材。煮汁に移って濃い〝だし〟になるんです。いわしは**塩をしてから70～80℃で湯通しする**ことで、臭みが取れてすっきりとした味に。低温なので美しい皮もはじけません。それから煮汁に入れ、沸騰したら弱火にして5分煮れば完成。いわしが**煮汁に浸かるサイズの鍋を使うことも大切**です。新しょうがの時季なら、多めに入れて。

材料（2人分）

いわし（うろこ、頭、内臓を取ったもの）… 4尾
トマト（くし形切り）… ½個分
長ねぎ（5cm長さ。表面に斜めの切り目を入れる）… ½本分
しょうが（薄切り）… 1かけ分
大葉（せん切り）… 4枚分
煮汁
- 水 … 150mℓ
- 酒 … 150mℓ
- 酢 … 120mℓ
- 醤油 … 60mℓ
- みりん … 60mℓ
- 昆布 … 5cm角1枚

① 鍋に湯を沸かして70～80℃にし、いわしを20秒浸けて取り出す（a）。氷水でやさしく洗い、水気を拭く。

② 鍋に煮汁の材料を入れ、①のいわし、トマト、長ねぎ、しょうがを入れ（b）、落とし蓋をして中火にかける。沸騰したら弱火にして5分煮る。

③ 器にいわしを盛る。トマトの薄皮を取って、他の具とともに盛りつけ、大葉を添える。

a 熱湯に3割の水を入れると約80℃になります。いわしの身がうっすら白くなったら引き上げましょう。

b 大葉以外の材料を最初から一緒に煮ていきます。トマトの皮は湯むきしなくても、自然とむけます。

器／吉井史郎（宙）

便利な刺身で、ぱぱっと一品

スーパーでさまざま売られている刺身。そのよさは、生の状態で食べられること。

炒めものに使うときは半生でも大丈夫、火が通ってなくていいので、調理がとても楽です。

魚はとくに、火を入れすぎないほうがおいしいので、ぴったりです。

酢のもの嫌いも食べられます

たことわかめの酢のもの

酢のものは体にいいから食べなければ……、と思いながらも嫌いなかたが多いですね。酢のもののポイントは、ただひとつ。**合わせ酢を加熱して、ツンとした刺激をとばすこと**。このひと手間で味がまろやかになるので、どなたもきっと食べられるはずです。

材料(2人分)

ゆでだこの刺身 … 50g
わかめ(もどしたもの) … 25g
きゅうり … ½本
塩 … 少量
合わせ酢
- 水 … 大さじ1
- 酢 … 大さじ1
- 醤油 … 大さじ1

おろししょうが … 適量

① 合わせ酢の材料を耐熱容器に入れ、電子レンジに20秒かけて冷ます。
② きゅうりを小口切りにし、塩をまぶして5分おき、手でもむ。水で洗って軽く塩気を抜き、水気を絞る。わかめは3cm長さに切る。
③ ボウルに①を入れておろししょうがを溶き、ゆでだこの刺身、②のきゅうり、わかめを和え、器に盛る。

いかを湯通しするひと手間でぐんとおいしい

いかそうめんの薬味和え

いかそうめんは一年中、スーパーの刺身売り場の定番です。ただ、そのまま食べると、なんとなくえぐい甘みがありませんか？ **50℃のぬるま湯に通すだけですっきりした甘みになって、**食べやすくなります。たっぷりの薬味と合わせるだけで、立派な一品になりますよ。

材料(2人分)

いかそうめんの刺身 … 200g

ごまつゆ
- だし汁(→p.16) … 150mℓ
- 醤油 … 小さじ2
- みりん … 小さじ1
- いり白ごま … 大さじ2

合わせ薬味(→左記) … 適量

①ボウルに50℃のぬるま湯を用意する。いかそうめんの刺身をざるに入れ、ぬるま湯に20秒ほど浸し、冷水にとって水気をきる。

②ごまつゆを作る。鍋にだし汁、醤油、みりんを入れて火にかけ、ひと煮立ちさせて火を止める。粗熱がとれたら、いり白ごまを混ぜる。

③器に①と合わせ薬味を盛り、②をかける。

●合わせ薬味の作り方

苦みやえぐみのある5種の薬味をきざんで合わせるだけで、不思議と旨みに変わって、万能の薬味になります。ペーパータオルを敷いた密閉容器に入れて冷蔵保存すれば1週間弱もちます。

材料(作りやすい分量)

わけぎ(小口切り) … 2本分
みょうが(縦半分に切って小口切り) … 2個分
大葉(せん切り) … 5枚分
しょうが(粗みじん切り) … 20g
貝割れ大根(2.5cm長さに切る) … ½パック分

きざんだ薬味5種を一緒にざるに入れ、冷水に5分浸す。引き上げて水気をしっかりきる。

器／長野史子(宙)

酒のつまみにもどうぞ

かつおのにんにく醤油焼き

独特の酸味と血の気の多い赤身の旨み、さっぱりとした脂を持つかつおは、お酒によく合います。刺身やたたきもいいのですが、焼いて温かくしてもおいしいもの。火を入れすぎると固くぼそぼそとした食感になるので、ご注意を。にんにくの風味でまた、お酒が進みます。

材料(2人分)

かつおの刺身(1cm厚さ)… 150g
サラダ油 … 大さじ1
にんにく醤油(→左記)… 50mℓ

1. かつおの刺身に、にんにく醤油をにんにくごとからませ、10〜15分浸ける。
2. フライパンにサラダ油をひき、①のかつおを汁気をきって並べ、中火にかける。焼けてきたら裏返し、①のにんにく醤油を入れ、半分ほど汁気がとんだら、にんにくとともに器に盛る。

にんにく醤油の作り方

にんにくのエキスが移った醤油を炒めものの味つけに使ったり、にんにくだけを薬味にしたり、どちらも使って料理のアクセントにしたり、作りおいて便利に使えます。

材料(作りやすい分量)

醤油 … 100mℓ
にんにく … 30g

にんにくは薄皮をむいて薄切りにし、保存容器に入れる。醤油を注いで1時間ほどおく。冷蔵庫で最長2週間ほどもつ。

鶏肉をおいしく焼くには、どうしたらいいんですか？

フライパンでできる驚きの〝焼き鳥〟

鶏のパリパリ焼き

フライパンで、普通の鶏肉が焼き鳥やさんのようにジューシーでおいしく焼けるんです。材料は鶏肉と塩、こしょう、サラダ油だけ。材料が少なく、味はシンプル。シニアにはうれしいメインディッシュです。皮も香ばしくパリパリに焼けておいしくいただけます。

大切なのは、**焼く直前に塩、こしょうをふる**ことで、おいしい肉汁が外に出ません。そして、**冷たいフライパンに鶏の皮を下にして置いてから火をつける**こと。冷たい状態からゆっくり加熱すると中までじんわり火が入り、結果、火を通しすぎなくてすむのでジューシーに仕上がって、旨みが存分に味わえます。もちろん、たれは不要です。

〝和食〟は箸でつまんで食べる料理。切り分けて盛ることも忘れずに。

あせらない、あわてない！中火でじっくり焼けば、ジューシーに焼き上がります。

材料（2人分）
鶏もも肉…大1枚（約300g）
塩…少量
こしょう…少量
サラダ油…少量
レモン（くし形切り）…1切れ
大葉…1枚

1 焼く直前に、鶏もも肉の両面に軽く塩、こしょうをふる。

●あらかじめ塩をふると、肉から旨みの水分が出てしまいます。

2 フライパンに薄くサラダ油を塗る。

3 1を皮を下にしてのせ、中火にかける。

●皮で、肉に直接火が入るのをガードします。皮をパリッとさせたいので、蓋はしません。

4 ときどきフライパンをゆすって、焼き続ける。途中、周りに出た余分な脂をペーパータオルで拭き取る。

5 7分ほど焼き、鶏の厚みの半分ぐらいが白くなったら皮の様子を見る。

●これが皮がパリッと焼けた目安。ここまでガマン！　あせらない！

6 しっかりと焼き色がついていたら裏返し、5分焼く。ひと口大に切り分けて皿に盛り、レモンと大葉を添える。

yonesuke's voice

〝焼きすぎかな？〟と思うぐらい焼いていいんですね！食べるとパリッパリで香ばしくて、肉汁が口の中にジュワーッと広がって……、つまみにもぴったりです。

和風ステーキ

余熱で火を通すから絶対失敗しないビフテキ

肉はシニアにとって不足しがちなたんぱく質が摂れる、大切な食材。野菜をたっぷり添えて、ワンディッシュで栄養バランスをとりましょう。ステーキなら、フライパンで一緒に焼けば簡単です。ただし、肉と野菜とでは火が通るのに時間差があります。肉は**焼きすぎると固くなって肉汁が出てしまい、おいしくありません**。軽く火が入ったら取り出して**ゆっくり余熱で中まで火を通す**と、肉にストレスがかからないので柔らかくてジューシー、歯に当たらずに食べやすいステーキが焼けますよ。

材料(2人分)

牛ステーキ肉(1枚100g) … 2枚
塩・こしょう … 各少量
玉ねぎ(1cm厚さの半月切り) … 2枚
にんにく(薄切り) … 1かけ分
アスパラガス(3等分に切る) … 2本分
薬味　あさつき(小口切り) … 4本分
　　　大根おろし … 適量
　　　溶きがらし … 適量

1. 牛ステーキ肉の両面に塩、こしょうをふる。冷たいフライパンにのせ、玉ねぎ、にんにくも入れ、中火にかける。
2. そのままじっくり焼き、牛肉の周りが半分ほど白くなったら裏返す(a)。玉ねぎも裏返し、肉を引き上げてバットにのせる。
3. 玉ねぎに火が通るまで焼く。途中でアスパラガスを入れ、一緒に焼く。
4. 玉ねぎに火が通ったら 3 の牛肉を戻し(b)、強火にして肉の表面に焼き色をつける。
5. 牛肉をひと口大に切り分け、皿に盛る。玉ねぎ、アスパラガス、にんにく、薬味を添える。

a 牛肉を冷たいフライパンにのせてから中火にかけ、周りが半分白くなったタイミングで裏返します。

b 余熱で火を通した牛肉を戻して仕上げます。にんにくは玉ねぎの上にのせ、焦げるのを防ぎましょう。

豚肉のしょうが焼き

“焼かない”から柔らかく仕上がる定番おかず

豚肉のしょうが焼きは、シニアにとっては少し脂っこいな、味が濃いな、と思うことがあるでしょう。さらに薄切り肉は火が入りすぎると固くなって、食べにくくなります。そこで、“浸け汁で煮ながら焼く”方法がおすすめです。**豚肉が柔らかくしっとり**仕上がり、油も使わないのでさっぱりいただけます。また、**野菜を一緒に煮ることで簡単に付け合わせができる**だけでなく、玉ねぎの甘みや小松菜の辛みが移った煮汁がからんで、とてもおいしくなります。

材料(2人分)

豚ロース薄切り肉 … 160g
玉ねぎ … 100g
小松菜 … 2株
A | 醤油 … 50mℓ
　| みりん … 50mℓ
　| 酒 … 50mℓ
　| おろししょうが … 小さじ2

①玉ねぎはくし形の薄切りにする。小松菜は軸と葉に分けて、それぞれ5cm長さに切る。
②ボウルにAを合わせ、豚肉を5分浸ける(a)。引き上げて汁気をきり、バットに取り出す。
③フライパンに②の浸け汁と①の玉ねぎ、小松菜の軸を入れ、中火にかける。
④煮汁が沸いて、玉ねぎがクタッとしたら小松菜の葉を加え、豚肉を広げてのせる(b)。
⑤煮詰めながらときどき全体を混ぜ、肉にからませる。野菜に火が通ったら、煮汁ごと器に盛る。

a しょうがのきいた浸け汁で豚肉に味をなじませます。浸けすぎると旨みが出てしまうので、注意。

b 野菜の上に豚肉を広げ、直接フライパンに当たらないようにすると、肉が固くなりにくいですよ。

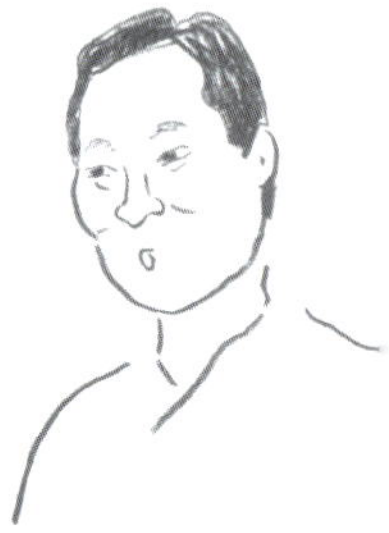

人が来たときに、喜ばれるごちそうを作りたいんです！

すき焼き

煮続けない、本当においしい食べ方

食事の時間をゆっくり過ごせるシニアにこそおすすめしたい、本当においしいすき焼きの食べ方を教えましょう。

まず、**すき焼きに霜降り肉は向きません**。焼いて味をからませるので、脂たっぷりの霜降り肉よりも、肉の味わい豊かな赤身のほうがいいんです。次に、**肉を食べ終えたら野菜を入れる**、これをくり返します。ごった煮にならないので、それぞれの素材の味が楽しめ、野菜が箸休めにもなって食事にリズムが出ます。

すき焼きの材料が残ったら、翌日はしらたきを入れ、卵も鍋の横で半熟に煮て、牛丼にするといいでしょう。

とびきりおいしいすき焼きを教えましょう。霜降り肉はダメですよ。

材料（2人分）

牛肉（赤身、すきやき用）…200g
牛脂（ヘット）…適量
ごぼう…100g
玉ねぎ…1個
しらたき…200g
春菊…$\frac{1}{2}$束
卵…2個
砂糖…大さじ3

割り醤油	醤油…40ml 酒…20ml
割り下	みりん…50ml 酒…50ml 醤油…50ml

① ごぼうは皮をたわしでこすり、皮ごとささがきにして水で軽く洗う。玉ねぎは1cm幅に切り、しらたきは食べやすく切る。春菊は根元を切り落とす。牛肉とともに盛る。

② 鉄鍋を火にかけ、牛脂をなじませ、火を止める。

●牛脂で、霜降り肉を使ったときのようなコクがつきます。

③ 3回に分けて食べる。まず牛肉の$\frac{1}{3}$量を広げて入れ、砂糖大さじ1をふりかけて火をつける。

④ 割り醤油の$\frac{1}{3}$量をかけ、軽く煮る。肉に半分火が通ったら器に卵を割り入れ、つけて食べる。

●牛肉に砂糖をかけるので、煮汁は甘くない割り醤油にします。

⑤ 肉を食べたらごぼう、玉ねぎ、しらたきを$\frac{1}{3}$量ずつ入れ、割り下の$\frac{1}{3}$量を注ぎ、軽く煮る。

●野菜には甘い割り下を使います。

⑥ 春菊の$\frac{1}{3}$量も加え、さっと煮て食べる。②～⑥をくり返す。

●野菜を食べ終えるたびに鍋を洗うと、よりおいしく食べられます。フライパンを使うとより手軽です。

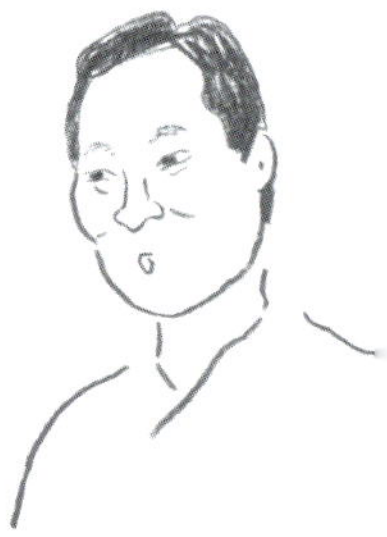

おもてなしのとき、作りおける料理があるといいのですが……。

余熱で火を通すから、柔らかい仕上がりに

和風ローストビーフ

フライパンと鍋だけで作れる、柔らかくてジューシー、さっぱりとした味わいのローストビーフをご紹介します。

〝ロースト〟といいながら、実はほとんど煮る料理です。表面だけ焼いたら蒸し煮にして、あとは**余熱でじわじわと中まで火を通していきます**。こうすると、肉が柔らかく、旨みの肉汁をとどめながら、きちんと火が入った状態になります。**加熱時間は、全部で10分かかりません**。これなら作れそうでしょう。

なお、かたまり肉は、厚みが5cm角以上あるものを求めてください。薄いと中心に火が入りすぎてしまいます。

おもてなしのときは、あらかじめ作ってかたまりのまま冷蔵庫で保存し、食べるときにビニール袋に入れて50℃強の湯に浸け、ゆっくり温めましょう。

簡単で失敗しないローストビーフを教えましょう。

材料（4～5人分）

牛もも肉（かたまり）…400g
塩…5g
こしょう…少量
サラダ油…大さじ3

煮汁
酒…180mℓ
醤油…90mℓ
水…90mℓ
長ねぎ（みじん切り）…1本分
大葉（みじん切り）…10枚分
水あめ…大さじ1

黄身おろし
大根おろし…1カップ
卵黄…2個

レモン（くし形切り）…2切れ
クレソン…適量

①牛肉を冷蔵庫から出し、1時間ほど常温におく。全体に塩をふり、20～30分おく。

●かたまり肉の場合は、あらかじめ塩で下味をつけておきます。

②フライパンにサラダ油を熱し、①をのせる。強火にして表面に軽く焼き色をつける。

●両端も箸で立てて、すべての面を焼きましょう。

③鍋に湯を沸かし、②を入れてさっとくぐらせ、余分な油と塩を落とす。水気をきる。

④別のフライパンに煮汁の材料を沸かし、③を入れる。蓋をぴったりかぶせて弱火にし、10分ほど煮る。途中、肉を転がして全面に煮汁をからませる。

⑤肉をバットに取り出す。煮汁を沸かし、水あめとこしょうを加えて煮詰め、泡が大きくなって濃度がついたら牛肉にかける。アルミ箔をかぶせて約40℃になるまで冷ます。

⑥切り分けて器に盛り、煮汁をかけ、黄身おろし、レモン、クレソンなどを添える。

たまに揚げものを作りたいけど、油がたっぷり必要ですよね。

揚げ焼きだから気軽に作れます

薄切りとんかつ

揚げものを食べたくても、1〜2人分を作るのに油がたっぷり必要では、なかなか作る気になりませんね。その悩みを解消しましょう。

肉は、**しょうが焼き用ぐらいの薄切り肉**を使います。フライパンは肉が2枚並ぶぐらいのものを選んで、**油の量は肉が半分浸るぐらい**。フライパンが大きいと、油が余計に必要になって、むだですよ。

それから揚げるように焼いていきます。パン粉に軽く色がついたら裏返して、裏面も焼けばでき上がり。肉が薄いから短時間で火が通るんです。むしろ火を入れすぎないことが大切です。

これでいいんです。みなさんも作りたくなったでしょう！

薄切り肉を、焼くようにすればいいんですよ。

材料（2人分）

豚ロース薄切り肉…4枚（140g）
塩・こしょう…各適量
小麦粉・溶き卵・パン粉…各適量
揚げ油…適量
キャベツ（せん切り）…適量
レモン（くし形切り）…2切れ
溶きがらし…適量

①豚肉を広げ、両面に塩、こしょうをふる。

②両面に小麦粉をはけで薄くまぶし、溶き卵にくぐらせる。

③竹串で引き上げ、パン粉をつける。

●手や箸を使うと、持った部分のころもがはがれますね。竹串だとそれがありません。楊枝でもいいですよ。

④フライパンに肉が半分浸るぐらいの揚げ油を入れ、竹串で③を入れて強火にかける。

⑤周りから泡が出てきたら中火にし、軽く焼き色がついたら裏返す。

⑥裏面も軽く焼き色がついたら引き上げ、ひと口大に切り分ける。器に盛り、キャベツ、レモン、溶きがらしを添える。

●豚肉は薄いので火がすぐに通ります。焼きすぎると肉が固くなるので、気をつけましょう。

yonesuke's voice

あ、柔らかい！ 揚げる時間が短いから
パン粉も肉も固くならないんだね。
歯が悪くても食べられちゃう。
しかも脂っこくありませんよ。

フライが少し胃に重いときがあります。パン粉以外のころもはありますか？

牛肉の黄身たたき

柔らかくてジューシーな和風〝ピカタ〟

シニアになると、ステーキより少しリッチに食べたい、でもパン粉をつけた揚げものは重い……ということがあるでしょう。それなら、卵をころもにすればぴったり。和風ピカタのようなものです。肉の周りに卵のコクをまとって、食べごたえがあるのに胃に負担がかかりません。**牛肉は赤身中心の部位**が向いています。ただし卵は焦げやすいので、**ごく弱火で蒸し焼き**にして、余熱で仕上げます。周りはしっかり焼けて、中は柔らかくジューシー。〝かつおのたたき牛肉版〟のような感覚で、たっぷりの玉ねぎスライスと一緒にどうぞ。和食ではその輝くような姿から「黄金焼き」と呼ばれます。

お好みでソースやしょうが醤油、からし醤油などで食べるのもおいしいです。

器／荒賀文成（宙）

卵を使えば、栄養抜群で軽い味わいです。

材料（2人分）

牛赤身ステーキ肉…200g
卵黄…2〜3個
片栗粉…適量
塩・こしょう…各適量
サラダ油…少量
玉ねぎ（薄切り）…適量
おろししょうが…適量
醤油…適量

①牛肉を30分ほど常温において、焼く直前に両面に塩、こしょうをふる。

●牛肉は中まで常温にもどします。

②①の両面に片栗粉をはけで薄くまぶす。

③卵黄をバットに溶き、②を浸けて両面に卵黄をからませる。再びはけで片栗粉をまぶし、卵黄をからませる。

●二重に卵をつけて、厚い膜にすると、牛肉に火が通りすぎません。

④フライパンを熱してサラダ油を薄く塗り、いったんぬれ布巾の上で軽く冷ます。ごく弱火にかけて、③を並べる。

⑤下の面の卵が固まってきたら裏返し、裏面も同様に焼く。

⑥卵が色よく焼けたらバットに取り出し、2分ほど休ませる。切り分けて器に盛り、玉ねぎとおろししょうがを添え、醤油をかける。

yonesuke's voice

表面にじっくり火を入れて、中はしっとり。
赤身は固くなりがちだけど、
これなら柔らかくていいね。
しょうが醤油もさっぱりしてシニアにぴったり。

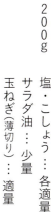

鶏をゆでたら、絶品ラーメンも作れるんですよ。

まず鶏をゆでて、メインディッシュにもなる一品に

ゆで鶏のポン酢和え

肉料理の中で、「ゆでる」方法はとても簡単で楽ですね。**鶏肉をゆでるときは、皮つきもも肉**を使います。皮から旨みが出ますし、ゆで上がったらきざんで薬味と合わせ、即席ポン酢をかければ立派な小鉢になります。もちろん、鶏の上品な旨みが移ったゆで汁も活用できます。

ただし、〝ゆでる〟といっても、ボコボコと沸き立つ状態はいけません。肉が固くなり、ゆで汁もにごります。だいたい80℃ぐらい、ほとんど沸き立たない状態をキープします。忘れがちですが、**鶏が水に完全に浸る大きさの鍋を使う**ことも大切です。

ここではたっぷりの肉と薬味を組み合わせて、軽い食事のメインディッシュにもなるひと皿にしています。

器／長野史子（宙）

えっ！それは一石二鳥ですね。

材料（作りやすい分量）

鶏もも肉…1枚（200g）
水…800mℓ
わけぎ（せん切り）…1本分
大葉（せん切り）…5枚分

A
煮干し…10g
削り節…10g
昆布…5g

即席ポン酢
醤油…60mℓ
酢…40mℓ
オレンジ果汁…20mℓ
ラー油…適量

①鍋に湯を沸かし、鶏もも肉を浸け、うっすら白くなったら引き上げて冷水にとる。

②①とA、水600mℓを鍋に入れて火にかけ、沸いたら水200mℓを加え、弱火にする。

●温度計を使わなくても、沸騰した湯に3割の水を差せば、鶏をゆでる理想の温度、約80℃になります。

③鍋底から泡が出てくる状態（70〜80℃）を保ち、約20分ゆでる。途中、アクが出たら取る。

④鶏肉を引き上げ、ゆで汁をざるでこす。

●ゆで汁は鶏の滋味にあふれ、とてもおいしいです。とくに今回はラーメンスープに活用するため、昆布やかつお節を使っています。

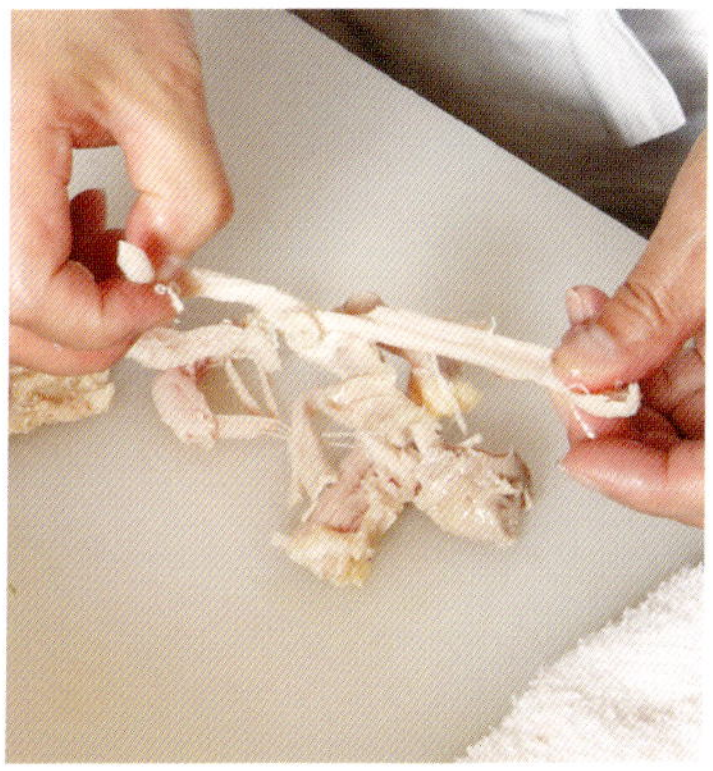

⑤ゆで鶏は手で大きめに裂き、ボウルに入れる。

⑥わけぎと大葉を和え、器に盛る。混ぜ合わせた即席ポン酢を適量かける。

← p.42に続く

yonesuke's voice

鶏のゆで汁は、ほとんど沸いていませんよ。これだと鶏にも旨みがきちんと残ってしっとりジューシーにゆで上がるんだって。アクもほとんど出ないから驚きだね。

ゆで鶏のゆで汁で作る

絶品ラーメン

ラーメンは塩分や脂肪が気になりますね。でも、ゆで鶏のゆで汁（41ページ）を利用すれば、鶏肉とだし素材の旨みあふれる極上のラーメンスープが作れます。**塩分濃度は吸いもの程度ですし、余分な油はいっさいない**ので、安心して全部飲むことができます。うどんでもおいしいです。

材料（2人分）

中華生麺 … 2玉
にら … 3本
長ねぎ … ½本
醤油玉子（→p.67） … 1個
大葉 … 4枚
焼きのり … ¼枚
スープ
- ゆで鶏のゆで汁（→p.41） … 3カップ
- 醤油 … 大さじ2⅔
- 豆板醤 … 小さじ½
- ラー油 … 少量

1. にらを4cm長さに切り、長ねぎは斜め薄切りにし、鍋に入れる。スープの材料も入れ、火にかけ、軽く煮立てる。
2. 別の鍋に湯を沸かし、中華生麺をゆで、水気をきる。2つの器にそれぞれ入れる。
3. ②に①を注ぎ入れ、醤油玉子を半分に切って盛り、大葉と半分に切った焼きのりをのせる。

器／荒賀文成（宙）

第二章
毎日食べたいサラダと野菜料理

ビタミンやミネラル、せんい質を豊富に含む野菜は、毎日たっぷりと食べたい素材です。ここでは、苦手だけど〝食べなくちゃ〟ではなく、おいしいから〝食べたい〟と思える野菜料理とサラダをご紹介します。簡単でみずみずしく、歯触りもいいから、いくらでも食べられます。

ほうれん草も小松菜も、熱湯でゆでていませんか？
それ、正しくありません。

おひたし二種

✚ほうれん草のおひたし
✚小松菜のおひたし

ゆでる温度で味が変わります

ご家庭で、おひたしは野菜を食べるためにある小鉢、という位置づけではないでしょうか？ でも青菜の持ち味がきちんと出れば、本当においしいものです。

家庭でよく使う、ほうれん草と小松菜。どちらも青菜ですが、実は種類がまったく違います。ほうれん草は青菜をゆでるときの基本、沸騰した湯に入れます。しかし**小松菜は、熱湯に入れると持ち味の辛みや旨みが消える**ので、微沸騰の80℃弱でゆでます。たったこれだけで、驚くほど持ち味が出ますよ。

いっぽう、**ほうれん草で気をつけたいのが、ゆで時間を1分以内に**すること。長くゆでるとえぐみの原因となるシュウ酸が出ます。少量ずつゆでて、湯の温度が下がらないようにしましょう。

材料（2人分）

ほうれん草…1束
小松菜…1束

浸し地

水…150mℓ
醤油…30mℓ
酒…30mℓ
削り節…3g

① 鍋に浸し地の材料を入れ、ひと煮立ちさせ、粗熱をとる。

② 小松菜は葉と軸に切り分け、軸の根元に十字の切り込みを入れる。

③ 鍋に水を入れて火にかけ、鍋底に泡が出てきたら小松菜の軸を入れて2分ゆで、続いて葉も浸けて1分ゆでる。

●鍋底から泡が出てくる状態は約80℃。沸いてなくて心配になるかもしれませんが、大丈夫です。

④ 引き上げて冷水にとる。

⑤ ④の湯を沸騰させ、ほうれん草を軸から入れて20秒、葉を完全に浸けて20秒ゆで、冷水にとる。

●一度にたくさんゆでると、湯の温度が下がって、ゆで時間がかかるので気をつけましょう。

⑥ ④と⑤の水気をよく絞り、切りそろえて、それぞれ器に盛る。①をこして、かける。

yonesuke's voice

これまで小松菜をおいしいと思ったことはありませんでした。でも小松菜の個性、辛みと旨みが味わえるこのおひたしなら、いくらでも食べられます！

え！ 違うんですか？ 同じ青菜ですよね。

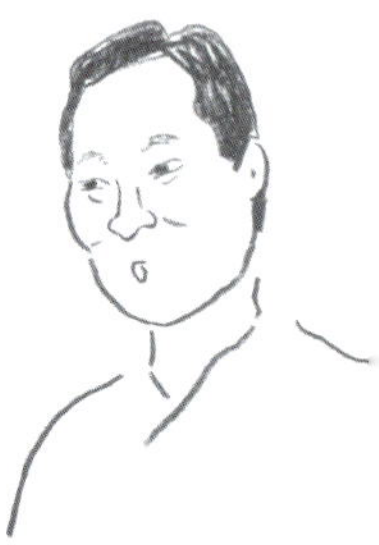

野菜不足になりがちです。どうしたらいいでしょう。

食べごたえがあって大満足

キャベツささみサラダ

ほぼ一年中手に入る野菜の代表、キャベツ。サラダというと生をイメージしますが、かさは出ても量は意外に少ないものです。またマヨネーズやドレッシングをかけないと満足感が出ず、いつの間にか油脂や塩分を摂ってしまいます。

そこでまず、**キャベツは低温でゆでて、かさを減らしましょう**。そのときに**鶏ささみも一緒にゆでると、ひとつの鍋でできて**一石二鳥です。脂肪が少なくたんぱく質豊富なささみを具にすれば、栄養バランスもアップします。そして味つけは、ヨーグルトの酸味と豆乳の旨み、ごまのコクを生かしたヘルシードレッシング。すべて体にいいし、さっぱりしてるから飽きずにたっぷり食べられるでしょう。

ゆでると、たっぷり食べられますよ。

材料（2人分）

キャベツ…200g

鶏ささみ…2本

ヨーグルトドレッシング

ヨーグルト（無糖）…100ml

豆乳…50ml

醤油…大さじ1

練り白ごま…10g

1 鍋に水とささみを入れ、火にかける。微沸騰（80℃ほど）を保ちながら2分ゆでる。

●鍋底に泡が出てきたら、だいたい80℃になった証拠です。

2 1の鍋にキャベツを手でちぎりながら加え、ゆがく。

3 少しくたっとしたら、ささみとともに取り出し、水気をきる。

●キャベツは熱湯でゆでると味が消えてしまいます。80℃ぐらいが甘み、旨みが出るんです。

4 3のささみを手で大きめに裂く。

●大きめに裂いたほうが、鶏肉の旨みが強く感じられます。

5 キャベツは水気をよく絞り、大きめのざく切りにする。4と一緒に器に盛る。ヨーグルトドレッシングの材料を混ぜて、適量かける。

yonesuke's voice

あ、キャベツの味がする！
大きくちぎるから、よく噛んで食べるし、
旨みも逃げにくいんだね。
たくさんの量だけど、食べられちゃう。

おふくろの味、野菜の煮ものを作ってみたいんです。

肉じゃが

素材の味が生きる、今風の煮もの

おふくろの味の代表といえば、肉じゃがというかたも多いでしょう。ここではより上品な今風の作り方をお教えします。

まず、**煮る前に素材を湯に通します**。〝お風呂〟に入れるようなもので、素材がすっきりきれいになるので、雑味が出ません。それから素材が煮汁に浸る大きさの鍋で、**煮始めて10～15分ででき上がり**。じゃがいもは、表面が軽くくずれるぐらいのほうがおいしいので、火加減は強めです。軽く溶けたじゃがいもが、煮汁にからんであんのようになって味わい深くなります。肉は最初から煮ません。野菜に8割がた火が通ってから加えるので、とても柔らかくジューシーです。煮ものはいったん冷ましてから温めると、味が落ち着きますよ。

器／タナカマナブ（宙）

材料（2人分）

豚ばら薄切り肉…80g
じゃがいも…200g
にんじん…100g
玉ねぎ…50g
しらたき…50g
長ねぎの青い部分（あれば）…2本分

煮汁

水…200㎖
酒…200㎖
醤油…50㎖

みりん…50㎖
砂糖…大さじ2
昆布…5cm角1枚

①じゃがいもは皮をむいてひと口大に、にんじんはひと口大に、玉ねぎはくし形に切る。しらたきは10cm長さ、豚肉は5cm長さに切る。

②鍋に湯を沸かし、しらたき、じゃがいも、にんじん、玉ねぎを入れて湯通しし、ざるに上げる。

③豚肉も湯に浸け、うっすら白くなったら引き上げる。

●肉は牛肉でもかまいません。

④別の鍋に②と煮汁の材料を入れ、長ねぎの青い部分をのせる。

●煮汁が冷たい状態から煮ると、素材にじわじわ火が通ってくれます。

⑤アルミ箔などで落とし蓋をして強火にかけ、沸き立つ状態で約10分、煮汁が半分ぐらいになるまで煮る。長ねぎの青い部分を取り除く。

⑥③の豚肉を入れ、煮汁をからませながら軽く煮る。

すっきりして素材が味わえる今の時代の味に仕立ててみましょう。

yonesuke's voice

玉ねぎは大きめに切るから、〝玉ねぎの味〟を感じるんだ！食べるごとに違う味がして、量がたくさんあるように感じるね。

男性が〝おいしい〟と、たくさん食べてくれるかぼちゃの煮つけがあるんです。

肉が入った旨みたっぷりおかず風

かぼちゃの南蛮煮

「いも・栗・南京（かぼちゃ）」は女性好みで、男性はあまり好きでないといわれます。でも、かぼちゃは緑黄色野菜でビタミンAも豊富ですから、シニアの男性にもぜひ食べてほしい食材です。

甘辛く煮たかぼちゃの煮つけが嫌われる理由は、あの甘み一辺倒のところにあるようです。それなら、と甘みを減らして**豆板醤で全体の味を引き締め、肉も合わせたのがこの料理**で、ピリ辛なので酒の肴にも白いご飯のおかずにもなります。

かぼちゃは、**煮終わりにほとんど煮汁がなく**、皮と身が離れるか離れないか、という状態がベスト。煮汁には酒をたっぷり使っています。煮汁の蒸発が早いので、煮すぎることがありません。

材料（作りやすい分量）

かぼちゃ…250g
豚ばら薄切り肉…80g
わけぎ（5cm長さ）…4本分

煮汁
水…60ml
酒…60ml
みりん…大さじ2

醤油…大さじ1
豆板醤…小さじ½
ごま油…小さじ½

①かぼちゃは種とワタを取り除き、約2cm厚さに切る。豚肉はひと口大に切る。湯を沸かし、かぼちゃを入れる。

②1分浸けたら豚肉も入れてほぐし、肉がうっすら白くなったら引き上げ、水で洗う。かぼちゃも引き上げる。

③フライパンに②のかぼちゃを並べ、煮汁の材料を入れ、強火にかける。

●かぼちゃはできるだけ重ならないように。火が均一に通ります。

④沸いたら強めの中火にし、沸き立つ状態で煮ていく。途中、裏返す。

⑤10分ほど煮て、煮汁がほとんどなくなり、かぼちゃに火が通ったら、②の豚肉とわけぎを加え、蓋をして2分おく。

●かぼちゃに菜箸を刺して、すっと通るようなら火が通っています。

⑥全体に混ぜて煮汁をからませる。汁気がなくなり、かぼちゃの表面がホクホクの状態になったら煮上がり。

yonesuke's voice

豆板醤のいい香りで食欲がわくね。かぼちゃは薄く切ると早く煮える、当たり前だけど気づかなかったな。豆板醤とごま油は、ラー油で代用できるそうですよ。

僕も普段は、小鉢でしか食べません。その秘訣は？

なつかしい家庭の味

里いもの煮もの

秋から冬にかけて、里いもの煮ものが食卓に上ったという思い出のあるかたも多いでしょう。作りたいけど、「ぬめりがあって、包丁がすべるんじゃないか」「皮をむくときにケガするんじゃないか」と心配になりますね。でも**アルミ箔を使えば、簡単で安全**！ 里いもの形をそのまま生かせるのも、なつかしくて味わい深いものです。

材料(2人分)

里いも … 8個
絹さや … 4枚
煮汁 | だし汁(→p.16) … 400mℓ
　　 | みりん … 50mℓ
　　 | 醤油 … 25mℓ

① 鍋に湯を沸かし、里いもを皮つきのまま入れて3分ゆでる。水にとり、アルミ箔を丸めて、皮をこすり取り(a)、天地を切り落とす。
② 鍋に煮汁の材料と①を入れて火にかけ、沸騰したら火を弱め、軽く沸き立つ火加減(80℃ほど)で20分煮含める(b)。
③ 絹さやは筋を取って、さっとゆでる。器に里いもとともに盛りつける。

a 里いもの皮は、ゆでてアルミ箔でこすると簡単にむけます。ところどころ残ったら、包丁を使いましょう。

b 煮汁をいったん沸かしてから、火を弱めて味を含ませます。

いつもの常備菜に豚肉を加えて

きんぴらごぼう

ごぼうはせんいが強いので、噛み切りやすくささがきにして、せんいを断ち切るのが一般的ですが、シニアなら**切りやすい斜め薄切りがおすすめ**。太ければ縦半分にしてから斜め薄切りにしましょう。固いにんじんも同じです。きれいに切らなくてもいいんですよ。

きんぴらごぼうは常備菜の代表ですが、**豚肉を加えるとビタミンBが摂れておかず感もアップ**、何もないときも白いご飯が進みます。

材料(作りやすい分量)

ごぼう … 150g
にんじん … 50g
豚ばら薄切り肉(5cm長さに切る) … 100g
長ねぎの青い部分(あれば) … 1本分
赤唐辛子 … 2本
サラダ油 … 大さじ1
煮汁　酒・醤油・みりん … 各50mℓ
　　　砂糖 … 大さじ2

1. ごぼうはたわしでこすり洗いし、縦半分に切って皮つきのまま斜め薄切りにする。にんじんも斜め薄切りにする。それぞれさっと水で洗い、水気をきる。
2. 鍋に湯を沸かし、豚ばら肉を浸けて箸でほぐし、うっすら白くなったら引き上げる。
3. フライパンにサラダ油を熱し、①のごぼうとにんじんを入れて炒める。しんなりしたら長ねぎの青い部分と煮汁の材料、赤唐辛子を加え(a)、煮詰めていく。煮汁がほとんどなくなったら長ねぎの青い部分を取り除いて②の豚肉を入れ(b)、煮汁をからませる。

a 長ねぎの青い部分を入れると甘みが出ます。なければ入れなくてもかまいません。

b 豚肉は火を入れすぎると固くなるので、ごぼうとにんじんが完全に煮えた仕上げのタイミングで加えます。

しらたきののど越しで食べやすい

じゃがいものしらたき炒め

じゃがいもを炒めると、ゆでたときと違って〝ホクッ〟と〝シャキッ〟という食感が共存して、味はほんのり淡く、とてもおいしいもの。そこにしらたきのつるんとした食感が合わさると、のど越しがとても心地よく、そばのような感覚で食べられます。ピーマンや長ねぎの香りも加わって、まるで和風焼きそばのような味に。**カロリーが低く、ひと皿でたっぷりの野菜が食べられる、**うれしい料理です。

材料(2人分)

じゃがいも … 150g
しらたき … 100g
ピーマン … 2個
長ねぎ … 1本
サラダ油 … 大さじ1
合わせ調味料 | 酒 … 100mℓ
　　　　　　 | 醤油 … 15mℓ
こしょう … 少量

①じゃがいもは皮をむき、8㎜角で5㎝長さの棒状に切ってさっと水で洗う。しらたきは適当な長さに切り、水からゆでてざるに上げ、水分をとばす。ピーマンは種を取って細切りに、長ねぎは5㎝長さの短冊切りにする。

②フライパンにサラダ油を熱し、①のじゃがいもを炒める。周りが透き通ってきたら、しらたきを加えて炒め合わせ、合わせ調味料を加え、煮詰めながら味をからませる。

③仕上げに長ねぎとピーマンを加えてさっとからませ、こしょうをふる。

ちょっと洋風の和テイストは酒の肴にも

じゃがいものカレー風味

洋食の定番の組み合わせにカレー粉とかくし味の醤油で、食欲をそそる和風テイストに。酒のつまみにも常備菜にもどうぞ。

材料(2人分)

じゃがいも … 大1個
ベーコン(ひと口大に切る) … 30g
絹さや(斜め半分に切る) … 5枚分
サラダ油 … 大さじ1½
合わせ調味料
- 酒 … 大さじ1½
- 醤油 … 大さじ1
- 砂糖 … 大さじ½

カレー粉 … 小さじ1

①じゃがいもは皮をむいて棒状に切り、水にさらし、ペーパータオルで水気を拭き取る。
②鍋にサラダ油を熱し、①を入れて炒め、八分通り火が通ったら、ベーコン、絹さやを入れて炒める。合わせ調味料とカレー粉を加え、煮からめる。

マヨネーズを使わなくてもクリーミー

じゃがいもの磯チーズ和え

マヨネーズはちょっと脂っこいな、というかたにおすすめしたいクリームチーズを使うポテトサラダ。青のりの香りもよく、胃に重くありません。

材料(2人分)

じゃがいも … 150g
クリームチーズ(小角切り) … 60g
マスタード … 小さじ1
ごま油 … 大さじ1
塩 … 小さじ½
醤油 … 小さじ½
青のり … 大さじ1
きざみのり … 適量

①じゃがいもは皮をむいてひと口大に切り、柔らかくゆでる。ざるに上げて水気をきる。
②ボウルにクリームチーズ、マスタード、ごま油を入れて、混ぜ合わせる。①が熱いうちに和え、塩、醤油で味をととのえ、青のりを混ぜる。
③器に盛り、きざみのりを散らす。

小さく切った玉ねぎがアクセント

たこと玉ねぎのおろし和え

弾力の強いゆでだこを大根おろしで和えると、しっとり柔らかくなります。一緒に和えた玉ねぎを噛むたびに、心地よい食感と香りが口に広がります。

材料(2人分)

ゆでだこ … 100g
玉ねぎ … 50g
大根おろし … 50g
醤油 … 適量
溶きがらし … 適量

①ゆでだこをぶつ切りにする。玉ねぎはみじん切りにして水に浸け、水気をきる。
②大根おろしの汁気を軽く絞り、①と和えて器に盛る。醤油をかけ、溶きがらしをのせる。

玉ねぎで口の中がさっぱり

新玉ねぎのカリカリじゃこサラダ

新玉ねぎにセロリの香りと揚げたじゃこがアクセントになって、食べ飽きせず、たっぷり食べられます。普通の玉ねぎなら、水にしっかりさらします。

材料(2人分)

新玉ねぎ … 大½個(150g)
セロリ … 1本
ちりめんじゃこ … 40g
あさつき(小口切り) … 4本分
いり白ごま … 大さじ1
二杯酢 | 酢 … 大さじ2
　　　 | 醤油 … 大さじ2
揚げ油 … 適量

①新玉ねぎは薄切りに、セロリは筋を取って薄切りにし、一緒に水に浸して水気をきる。
②ちりめんじゃこは少なめの油でカリッと揚げ、油をきる。
③二杯酢を作る。酢を耐熱容器に入れ、電子レンジに約20秒かけ、粗熱がとれたら醤油と混ぜる。
④器に①を盛り、③をかけ、②のちりめんじゃこ、あさつき、いり白ごまを散らす。

サラダにも箸休めにも

にんじんのごまポン酢

にんじん、きゅうり、長ねぎを同じサイズに切りそろえて、三色の小鉢に。オレンジ果汁でごまポン酢を作って、甘く爽やかなドレッシングに。

材料（2人分）

にんじん … 60g
きゅうり … 60g
長ねぎ … 1/3本
ごまポン酢
- 練り白ごま … 大さじ2
- 醤油 … 大さじ1
- 酢 … 小さじ2
- オレンジ果汁 … 小さじ1
- はちみつ … 小さじ1
- ごま油 … 小さじ1/2

1. にんじんときゅうりは5cm長さのマッチ棒状に切る。水200mℓに塩3g（分量外）を溶かした塩水に浸け、しんなりとしたら水気をきる。長ねぎは5cm長さのせん切りにする。
2. ボウルにごまポン酢の材料を合わせ、①を入れて和える。

作りおきたいヘルシー常備菜

にんじんのきんぴら

にんじんは大切なビタミンA源。フライパンで煮からめるだけなので、たっぷり作りおくと便利です。ひじきをプラスして、不足しがちな海藻も一緒に。

材料（2人分）

にんじん … 100g
ひじき（ぬるま湯でもどしたもの） … 30g
赤唐辛子 … 1/2本
ごま油 … 大さじ1
煮汁
- 酒 … 大さじ3
- 醤油 … 大さじ2
- 砂糖 … 大さじ1

いり白ごま … 大さじ1

1. にんじんは3〜4cm長さのマッチ棒状に切る。ひじきは熱湯でさっとゆで、ざるに上げる。
2. フライパンにごま油を熱し、①と赤唐辛子を入れ、炒める。煮汁を加え、フライパンを傾けて材料を寄せ、煮詰める。
3. 煮汁が約1/3量になったらフライパンを水平にして全体にからませ、仕上げにいり白ごまをふる。

右の小鉢／荒賀文成、左の小鉢／平野寅和（いずれも宙）

落語家・桂 米助と落語好き料理人・野﨑洋光の

古典落語「食」談義

ヨネスケさんの落語家としての顔は、桂 米助。古典落語には江戸時代の食にまつわるシーンがたくさん出てきます。

落語とこの本でご紹介した料理をからめて、お二人に語っていただきます。

●ヨネスケ　▲野﨑さん

●この本で野﨑さんに教わった「鯛の淡煮」（22ページ）や「いわしのトマト煮」（24ページ）では、ねぎを煮ていますよね。煮たねぎって、噛むと芯がひゅっとのどに向かって飛び出すでしょ。落語「ねぎまの殿様」でも、鍋で煮えたねぎを食べた殿様が「熱い！」っていう場面が出てくるんですよ。

▲ですよね。だから、私はねぎの表面に切り目を入れて、芯も一緒に噛めるようにしているんですよ。こうすると飛び出しませんから。私は古典落語をよく聞きますが、食文化の時代考証の点でもおもしろいですね。

●たとえば、江戸末期の「青菜」という小噺。殿様が柳蔭《やなぎかげ》という酒を呑みながら青菜をつまむシーンが出てくるんだけど、この青菜はたぶん小松菜のことでしょうね。

▲でしょう。いまは青菜というとほうれん草を思い浮かべる人が多いのですが、ほうれん草って、普及したのは昭和以降。意外に新しいんです。白菜も江戸時代には日本になかったこと、知ってましたか？

●坂本龍馬も大岡越前も食べていなかった、ってことですね（笑）。江戸らしい食べものの代表に、そば、すし、天ぷらの3つが挙げられますが、落語には、不思議とすしと天ぷらが出てきません。

▲そばは、扇子を箸に見立てて〝ズズズ〟とすする音が表現できますが、すしも天ぷらも音がないからじゃないでしょうか。

●落語は身ぶり手ぶりでも情景を表現しますからね。たとえば「本膳」。隣人の作法を真似て食べる場面で、隣人が里いもを食べるんだけど、ぬめりで箸がツルツルすべるんだよね。それをそのまま真似ちゃった、ってのがあります。

▲シャレがきいていますね。今回はご紹介していませんが、さつまいものことを江戸時代に「九里四里《くりより》（栗より）うまい十三里」と言っていました。当時すでに有名だった川越のさつまいものことを、江戸から十三里離れた川越にかけたシャレなんです。

●そういえば「出来心」という落語では、泥棒が貧乏長屋に押し入ったけど盗るものがなくて、鍋にあった雑炊を全部食べた、という場面があったなぁ。

▲江戸時代は、長屋一軒にかまどひとつ、二四〇軒につるべひとつしかなかったようですから、家では雑炊にするか、ご飯と味噌汁ぐらいしか作れなかったはずなんです。だし汁なんて、とれるわけがありません。だから味噌汁の具は、あさりのようにだしがいらない貝類が中心で。

●今回教えていただいた料理には、あさりの味噌汁（10ページ）のほかにも、納豆や豆腐、油揚げといった、江戸の庶民の食べものが多く出てきますね。

▲ご飯を中心とした食事では、体の中で酸性に傾きます。だから江戸時代に食べていたような、根菜や大豆製品のようにアルカリ性のものを合わせて中和させるんです。先人が食べていたように、和食が長生きにつながるんですよ！

第三章 料理は食べるサプリです

ひとつの食材の中には、多くのビタミンやミネラルなどが含まれています。だから、料理を作って食べることは、一度にいろいろな栄養が摂れるということ。とくに体にいい機能性食品といわれる豆腐や卵、ごまなどを生かした料理をご紹介しましょう。

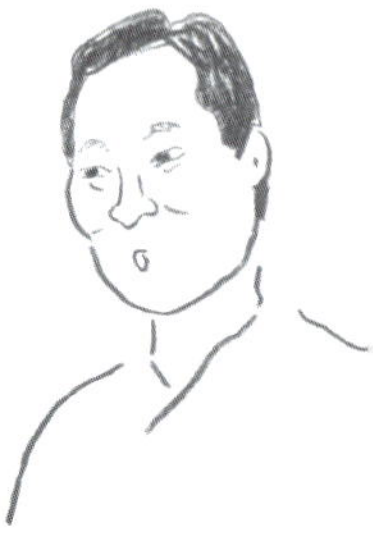

体にいい食材を、おいしく食べたいんです。

豆腐で

同じ豆腐が、こんなにおいしくなるなんて！

くずし奴

豆腐はカロリーが低く、良質なたんぱく源にもなる、シニアには欠かせない食材です。とくに大豆のサポニンという成分が更年期障害の改善にいいとして、注目されています。

豆腐の一番シンプルな料理といえば、冷奴《ひややっこ》ですね。でも**包丁で切るのと、手でくずすのとでは、大豆の甘みや旨みの感じ方がまったく違います**。くずすと豆腐の表面がぎざぎざになって、舌に当たる面積が広がるので、味を強く感じるんです。大きさはお好みで大丈夫です。器に盛った姿も自然でかまいません。かえって食欲をそそります。

豆腐は軽く水気をきると、味わいが濃厚になります。くずしてからざるに上げると、水がより早くきれて効率的です。

器／清水なお子(宙)

豆腐の驚くほどおいしい食べ方がありますよ。

材料（2人分）

木綿豆腐…½丁
長ねぎ…1本
貝割れ大根…½パック
おろししょうが…1かけ分
醤油…適量

① 豆腐を手で大きくくずし、ざるに上げて水気をきる。

●大きさはお好みでかまいません。くずしてから水きりすると効率的です。

② 貝割れ大根は根元を持ち、たっぷりの水の中でふり洗いし、種を落とす。根元を切り落とし、ざく切りにする。

③ 長ねぎを小口切りにし、さらしなどに包む。

④ 水の中で、さらしの上からねぎを軽くもみ、水にさらす。

⑤ さらしの上から、よく水気を絞る。貝割れ大根と豆腐を器に盛り、長ねぎとおろししょうがをのせ、醤油をかける。

yonesuke's voice

食べ比べるとわかります。包丁で切ったときと、豆腐の味がぜんぜん違う！手でくずすと舌にくっつくようでコクと旨みが強いですよ。

豆腐で

香ばしく焼くと食欲をそそります

豆腐の小判焼き

豆腐、しいたけ、玉ねぎなど、**旨みの強い食材を混ぜてハンバーグのようにして焼くだけ**。食べごたえがあるのにヘルシーです。シニアの**メインディッシュには必ず野菜を添えたい**ので、ここでも二種添えています。よく噛むことにつながりますし、栄養的にもいいですよね。たれは作らなくても、しょうが醤油だけで充分においしいです。

材料(2人分)

木綿豆腐…160g
玉ねぎ(小角切り)… 30g
しいたけ(小角切り)… 10g
ピーマン(小角切り)… 10g
溶き卵 … ½個分
醤油 … 小さじ2
薄力粉 … 大さじ1
サラダ油 … 少量
付け合わせ | ブロッコリー(ゆでたもの)… 2房
　　　　　 | 玉ねぎ(薄切り)… 適量
たれ | 酒・水・醤油・酢…各小さじ1
　　 | おろししょうが…適量

①たれを作る。酢を耐熱容器に入れて電子レンジに約20秒かけ、粗熱がとれたら他のたれの材料と混ぜる。
②木綿豆腐をさらしなどに包んで少し水気を絞り、ボウルに入れる。玉ねぎ、しいたけ、ピーマン、溶き卵、醤油、薄力粉を加えて混ぜ合わせ、2等分にして小判型に丸める。
③フライパンにサラダ油を熱し、②を並べ、蓋をして弱めの中火で、両面を蒸し焼きにする。
④器に盛り、付け合わせとたれを添える。

ランチならこのひと皿で

厚揚げの照り焼き丼

豆腐を揚げた厚揚げに濃い味をからませると、まるで肉のような深い味に。白いご飯のお供になるおいしさです。

材料(2人分)

厚揚げ … 1枚
片栗粉 … 適量
たれ
- 酒 … 大さじ3
- みりん … 大さじ3
- 醤油 … 小さじ$1\frac{1}{2}$

温かいご飯 … 2膳分
サラダ油 … 小さじ2
きざみのり … 適量
わけぎ(小口切り) … 2本分
七味唐辛子 … 適量

① 厚揚げは半分に切って、それぞれ6等分にし、片栗粉をはけで薄くまぶす。

② フライパンにサラダ油を熱し、①を並べる。両面に軽く焼き色がつくまで焼き、たれの材料を加え、汁気をとばすように炒りつける。

③ 丼2つにそれぞれご飯を盛り、きざみのりを散らし、②をのせる。わけぎを散らし、七味唐辛子をふる。

ご飯にのせて丼風にしても

和風マーボー豆腐

口の中でとろけるように柔らかい絹ごし豆腐に、さらにとろみをつけた、シニアに食べやすい料理です。お好みで七味唐辛子やラー油をたらしても。

材料(2人分)

絹ごし豆腐 … 1丁(300g)
長ねぎ … $\frac{2}{3}$本
鶏ひき肉 … 100g
煮汁
- だし汁(→p.16) … 200mℓ
- 醤油 … 大さじ2弱
- みりん … 大さじ2弱

水溶き片栗粉
- 水 … 大さじ1
- 片栗粉 … 小さじ2

わけぎ(小口切り) … 適量

① 絹ごし豆腐は手でくずしてざるに上げ、水気をきる。長ねぎは粗みじん切りにする。

② 鍋に湯を沸かし、目の細かいざるに鶏ひき肉を入れて湯に浸け、菜箸でほぐす。表面が白くなったら引き上げて水洗いし、水気をきる。

③ フライパンに煮汁の材料、①、②を入れて火にかけ、煮立ったら火を弱めて水溶き片栗粉を加えて混ぜ、とろみをつける。器に盛り、わけぎを散らす。

卵で

絶品の目玉焼き、教えていただけませんか？

とろとろ目玉焼き

余熱で焼き上げるから柔らかい食感に

栄養的にパーフェクトな卵は、冷蔵庫に常備しておきたい食材。ヨネスケさんのリクエストにお応えして、本当においしい目玉焼きをお教えしましょう。

私の理想は、卵白がなめらかに固まっていて、卵黄はほんの軽く火が入ってとろりとした状態。卵は80℃を超えると固くなる一方なので、蓋をして**最少限の加熱をしたら、あとは余熱で火を通す**ことで、えもいわれぬ、なめらかな舌触りになります。

この目玉焼きは、ご飯の上にのせて食べるのもおすすめ。合わせ薬味（26ページ）をのせてもいいでしょう。

弱火で蒸し焼きにしてみてください。驚きの味わいと口どけになります。

材料（1人分）
卵…1個
サラダ油…少量
長ねぎ（小口切り）…適量
おろししょうが…適量
醤油…適量

①小さめのフライパンを中火にかけ、サラダ油を薄く塗る。ぬれ布巾にのせ、軽く冷ます。

●大きいフライパンは、形が美しくなりづらいので、小さめがおすすめ。

②卵を器に割り入れ、フライパンにそっと入れる。

③ごく弱火にかける。卵白が少し白くなってくる。

④蓋をして火を止め、そのまま3分おく。

●水は入れませんよ。まずくなります。卵の水分だけで、充分に蒸し焼きにできますから。

⑤卵白にゆるく火が入り、卵黄が固まっていない状態で焼き上がり。フライ返しですくい、器に盛り、長ねぎとおろししょうがをのせ、醤油をかける。

yonesuke's voice

卵白にプツプツができてないし、なめらか。まるで生だこみたいだね。
こんなおいしい目玉焼きができたら自慢できるね。

卵で

トマトの旨みがあふれます

トマトとにらのスクランブルエッグ

スプーンですくって、トマトから出る旨みたっぷりの汁と一緒に食べたい、スクランブルエッグです。卵は高温に弱く、またずっと加熱し続けると固くなります。熱したフライパンの温度を少し下げてから卵を入れ、ある程度火が通ったら、**火からおろして混ぜながら余熱でやさしく加熱**していきましょう。黄色、赤、緑の彩りも美しい料理です。

材料(2人分)

卵 … 2個
トマト … 120g
にら … 4本
醤油 … 小さじ2
サラダ油 … 小さじ2
おろししょうが … 小さじ2

1. トマトは1cm角に、にらは5mm幅に切る。
2. 卵を割りほぐして醤油を混ぜ、①も混ぜる。
3. フライパンにサラダ油を熱し、火からおろしてぬれ布巾の上で軽く冷ます。②を入れて中火にかけ、木べらで混ぜて七分通り火が通ったら、火からおろす。
4. さらに混ぜて余熱で半熟状にする。器に盛り、おろししょうがを添える。

作りおくと重宝します！

醤油玉子

卵で

半熟玉子を上手に作れますか？　卵を湯に入れて、決まった時間ゆでて取り出すだけで、卵白がちょうど固まって卵黄が半熟の状態のゆで玉子ができます。その**ゆで玉子を醤油だれに浸けるだけ**で、ラーメン屋さんのような醤油玉子が作れます。冷蔵庫で1週間ほどもつので、作りおくのもいいでしょう。サラダに、おつまみにと重宝します。

材料（作りやすい分量）

卵 … 6個

醤油だれ
- 水 … 400mℓ
- 醤油 … 100mℓ
- みりん … 100mℓ

昆布 … 5cm角1枚

① ゆで玉子を作る。卵の殻の丸いほう（下側）にそれぞれ針で5カ所穴をあける。

② 鍋に湯を沸かし、①を玉じゃくしにのせ、そっと湯に入れる。再沸騰してから5分または7分ゆで、水にとって殻をむく。

③ 鍋に醤油だれの材料と昆布を入れ、ひと煮立ちさせたら、そのまま冷ます。

④ 保存容器に②を入れ、③を注ぎ、ゆで玉子全体が浸かるようにし、ひと晩冷蔵庫でおく。1週間ほど日もちする。

卵のゆで時間は、5分なら卵黄がゆるめ（左）、7分なら芯だけがゆるい状態（右）。お好みでどうぞ。

だしをとったあとの昆布で一品

昆布ポン酢漬け

昆布はヨウ素などのミネラルや、食物せんい豊富な粘り成分・フコイダンなどを含む食材。フコイダンは**糖質や脂質の吸収、コレステロール値の上昇を抑えてくれるといわれる注目の成分です**。昆布はだしをとったあとでも旨みは充分残っていますし、柔らかくなっていて使い勝手もいいので、活用しましょう。おすすめは、即席ポン酢醤油に浸けた常備菜。酒のつまみに、白いご飯のお供に重宝します。

材料（作りやすい分量）

だしをとったあとの昆布 … 適量

即席ポン酢醤油
- オレンジ果汁 … 大さじ4
- 醤油 … 大さじ2
- 酢 … 大さじ2

①即席ポン酢醤油を作る。耐熱容器に酢を入れ、電子レンジに約20秒かけてから粗熱をとる。オレンジ果汁と醤油を混ぜる。

②昆布を細くきざんで密閉容器に入れる。

③①を②にひたひたまで注ぎ、2時間おく。冷蔵庫で2週間ほどもつ。

何も作りたくないときの、即席汁もの

とろろ昆布のお吸いもの

薄く削ったとろろ昆布は、だしが出やすいので、お湯を注ぐだけで磯の香りと旨みのある吸いものになります。小梅を酸味と塩分のアクセントにしましょう。

材料(2人分)

とろろ昆布 … 4g
小梅 … 6個
大葉 … 4枚
A | 湯 … 300mℓ
　| 醤油 …15 mℓ

①鍋にAを入れて火にかけ、温める。
②椀2つにそれぞれとろろ昆布、小梅、大葉を入れ、①を張る。

刺身ととろろ昆布で上等な酒肴に

まぐろの翁和え

「翁《おきな》」とは、昆布のところどころ白い様子を白髪に見立て、昆布を使う料理につける名前。粉末にしたとろろ昆布をまとわせて、おもてなしのよそおいに。

材料(2人分)

まぐろ(刺身用のさく)… 140g
とろろ昆布 … 適量
わさび … 適量

①とろろ昆布をフライパンでからいりし、水分をとばす。フードプロセッサーなどで粉末にする。
②まぐろをひと口大に切り、①を全体にまぶし、器に盛る。わさびを添える。お好みで醤油を添える。

ごまで

定番料理にひと手間かけて

あじ利久焼き

あじの焼きものは定番ですが、ごま風味の甘辛だれに浸けるひと工夫で、ぐんと料理屋風の味わいに。練りごまは完全に溶かしきらず、少し粒を残すと、あじの表面に残って、食べたときに風味が生きます。**ごまには、アンチエイジングにいいといわれるセサミンがたっぷり。**なお「利久《りきゅう》」とは、ごまを使った料理につける名前です。

材料（2人分）

あじ（三枚におろしたもの）… 1尾分

浸け汁
- 醤油 … 大さじ1
- 酒 … 大さじ1
- みりん … 大さじ1
- 練り白ごま … 大さじ1

① バットに浸け汁の材料を合わせ、あじを20分ほど浸ける。途中で裏返す。魚焼きグリルの火をつけ、温めておく。

② ①の汁気をきり、アルミ箔の上にのせる。魚焼きグリルで焦がさないように焼く。

健康を気にするかたの酒肴に

のりごま焼き

セサミンたっぷりのごまと、ミネラル豊かなのり。体にいい素材を組み合わせた、酒のおつまみ。ごまの香ばしさと磯の香り、パリッとした食感が醍醐味。

材料(作りやすい分量)

のり …½枚
いり白ごま … 25ｇ
卵白 … ½個分

①のりを4等分し、卵白をつけ、いり白ごまを両面にまぶす。
②フライパンを弱火で熱して①を並べ、焼く。卵白が乾いて、いり白ごまがくっついたら裏返し、裏面も同様に焼く。

風味豊かなごまが、かくし味

たくあん土佐煮

削り節とたくあんの旨みが一緒になった、酒のつまみにもなる簡単小鉢。塩の抜き加減はたくあんの塩分によって加減を。完全に抜くとおいしくありません。

材料(作りやすい分量)

たくあん … 150ｇ
ししとう … 10ｇ
いり白ごま … 大さじ1
削り節 … 10ｇ
醤油 … 小さじ2
サラダ油 … 小さじ2

①たくあんは薄切りにし、水洗いして軽く塩気を抜く。
② ししとうは小口に切る。削り節は鍋で軽くからいりし、火からおろして粗熱がとれたら手でほぐす。
③フライパンを熱し、サラダ油を入れ、①を入れて炒める。全体に焼き色がついたら②のししとうを入れて炒め、醤油で味つけする。いり白ごまと②の削り節を入れてからませる。

爽やかな香りの夏の炊き込みご飯

じゃこ新しょうがご飯

体を温めて代謝を上げるといわれるしょうがを炊き込みご飯に。そのすっとした香りとほのかな辛み、ちりめんじゃこの塩気と旨みで、食が進みます。しょうがは最初から炊き込むと香りがとんでしまうので、**仕上げに加えて蒸らし**、フレッシュな香りとシャキッとした食感を楽しみましょう。普通のしょうがを使うときは、量を減らしましょう。

材料（作りやすい分量）

新しょうが … 50g
油揚げ … 1枚
ちりめんじゃこ … 80g
米 … 2合
水 … 300㎖
醤油 … 30㎖
酒 … 30㎖

① 米を洗い、15分浸水させ、ざるに上げて15分おき、水気をきる。
② 油揚げは細かいみじん切りにし、熱湯をかけて油抜きし、水気を絞る。新しょうがは皮つきのまません切りにする。
③ 炊飯器に①の米と水、醤油、酒を入れ、②の油揚げも加え、早炊きモードで炊く。
④ 炊き上がる直前、③の新しょうがとちりめんじゃこをのせて5分蒸らし、炊き上がったらサックリ混ぜる。

器／荒賀文成（宙）

新しょうがの時季にぜひ作りたい

しょうがの醤油漬け

ご飯のお供に、酒のつまみに便利な常備菜。しょうがの香りが移った醤油も、料理の味つけに使えます。普通のしょうがを使うときは少し小さめに切って。

材料(作りやすい分量)

新しょうが … 300g
醤油 … 200mℓ
酒 … 50mℓ

① 新しょうがをひと口大に切る。密閉容器に入れ、醤油を注ぎ、冷蔵庫でひと晩から3日ほど漬ける。
② 新しょうがを引き上げ、漬け醤油を鍋に入れる。醤油に対して¼量の酒を入れて、ひと煮立ちさせ、冷めたら再びしょうがと一緒に密閉容器に戻し入れる。

薬味たっぷりご飯のお供

かやくしょうが

薬味三種をたっぷり使うから、食べるとシャキッシャキッと歯触りがよく、噛むたびに薬味の香りが口いっぱいに広がります。いい香りに、ご飯が進みます。

材料(作りやすい分量)

しょうが … 50g
わけぎ … 30g
大葉 … 5枚
醤油 … 大さじ1
卵黄 … 1個

① しょうが、わけぎ、大葉はすべてみじん切りにする。
② 卵黄を溶いて醤油を混ぜ、①を合わせる。

便利な市販品のリメイク術

とんかつで

かつ丼

かつ丼にとんかつを利用するときは、玉ねぎを煮て甘みを出したり、とろろ昆布で旨みや粘りを補ったり、おいしくするひと手間をかけましょう。

材料（1人分）

とんかつ … 1枚
玉ねぎ（くし形切り） … 70g
とろろ昆布 … 5g
溶き卵 … 1個分
温かいご飯 … 1膳分
三つ葉（ざく切り） … 5本分
煮汁 | 水 … 100mℓ
　　 | 醤油 … 大さじ1
　　 | みりん … 大さじ1

1. とんかつを食べやすい大きさに切り分ける。フライパンに煮汁の材料と玉ねぎを入れ、火にかける。
2. 煮汁が沸いて玉ねぎが少しくたっとなったらとろろ昆布を広げてのせ、とんかつものせる。溶き卵の半量を回しかけ、蓋をして火を止める。
3. 少し固まったら火をつけ、残りの溶き卵を上から回しかけ、火を止めて蓋をし、少し蒸らす。三つ葉を散らす。丼にご飯を盛り、とんかつを煮汁ごとのせる。

器／上泉秀人（宙）　

スーパーには、さまざまなおそうざいやすぐに食べられる食品が売られています。
食事は毎日のことなので、ときには活用するのもひとつの手。
天ぷら、揚げもの、魚の干もの、練り製品を使った簡単一品をご紹介します。

えびの天ぷらで

えびの天玉丼

豆乳と水で、即席のつゆに。
マイルドな味わいになって、栄養もアップします。
天ぷらが残った翌日のランチにもぴったりです。

材料（1人分）

えびの天ぷら … 小3本
わけぎ（3cm長さ） … 1本分
卵… 1個
温かいご飯 … 1膳分
つゆ
- 水 … 50ml
- 豆乳 … 30ml
- みりん … 大さじ½
- 醤油 … 大さじ½

1. フライパンにつゆの材料を入れて煮立て、えびの天ぷらとわけぎを入れてさっと煮る。
2. ボウルに卵を溶きほぐし、①に回しかけ、蓋をして半熟状態に仕上げる。
3. 丼にご飯を盛り、②を煮汁ごとのせる。

 器／上泉秀人（宙）

あじの干もので

あじの干ものと春菊のおろし和え

干ものは塩味がついて旨みも凝縮しているので、焼くだけで和えものの具として味が決まります。

材料(2人分)

あじの干もの … 1枚
春菊 … ½束
大根おろし … 100g
即席ポン酢
- オレンジ果汁 … 大さじ2
- 醤油 … 大さじ1
- 酢 … 大さじ1

① あじの干ものは焼いて骨と皮を取り、身をほぐす。春菊は葉の部分をむしり、ゆでて4cm長さに切る。

② 即席ポン酢を作る。耐熱容器に酢を入れ、電子レンジに約20秒かけ、粗熱をとる。オレンジ果汁と醤油を混ぜ合わせる。

③ ボウルに大根おろしを入れ、①を混ぜ合わせ、②を合わせる。

あじの干もので

冷や汁

宮崎の郷土料理で、あじの干ものを味の決め手にする汁ものです。
ごまの香りの高さが大切なので、
いりたてを。ご飯にかけて食べてもおいしいです。

材料(2〜3人分)

あじの干もの … 1枚
水 … 400mℓ
味噌 … 50g
木綿豆腐 … ½丁
きゅうり … 1本
大葉 … 5枚
いり白ごま … 40g
塩 … 少量

1. 鍋に水を入れて味噌を溶き、火にかけてひと煮立ちしたら冷ます。
2. あじの干ものは焼いて骨と皮を取り、身をほぐす。きゅうりは薄い輪切りにして、塩でもみ、しんなりしたら水気を絞る。大葉は手でちぎって水にさらし、水気をきる。豆腐はペーパータオルで表面の水気を拭く。
3. フライパンでいり白ごまをからいりしてすり鉢に移し、少し粒が残る程度の半ずりにし、①を2〜3回に分けて加え、そのつど混ぜる。
4. ②の干もの、きゅうり、大葉を加え、豆腐をひと口大にくずして加える。

はんぺんで

はんぺんチーズ焼き

買いおきのきくはんぺんは
ふわっと柔らかくて食べやすく、
何か一品ほしいときの
シニアの食卓に重宝します。
おでんの定番ですが、焼くと粋な一品に。
卵黄を塗って、
つやつやに焼き上げます。

材料（1〜2人分）

はんぺん … 大判1枚
スライスチーズ … 2枚
卵黄 … 2個
醤油 … 小さじ1
大葉 … 1枚

①魚焼きグリルではんぺんを焼いて表面に醤油を塗り、乾かす。スライスチーズをのせて焼き、溶けかかったら卵黄を塗り、乾かす。これを2〜3度くり返す。
②①を切り分け、器に盛る。大葉を飾る。

ちくわで

ちくわ照り焼き

魚のすり身で作る練りものは、
簡単にたんぱく質がとれるすぐれもの。
ちくわは煮ると柔らかくなって
いっそう食べやすくなります。
甘辛いたれで煮からめて、
白いご飯が進む味に。

材料（2人分）

ちくわ … 2本
大葉（せん切り）… 4枚分
たれ
- みりん … 100mℓ
- 酒 … 60mℓ
- 醤油 … 20mℓ

①ちくわを縦半分に切り、4cm長さに切る。
②鍋にたれの材料と①を入れて火にかけ、たれを煮からめる。仕上げに大葉を加える。

第四章

便利な
かえしつゆがあれば

日々料理を作るには、ときには手抜きも必要です。煮ものや鍋もの、そば、うどんのつゆを作るときのベースとなる〝味のもと〟を作っておけば、水やだし汁で割るだけで味が決まるので楽。保存もきくので、冷蔵庫にあると心強い味方です。

かえしつゆ

そば屋でつゆのベースにするのが「かえし」。醤油にみりんと砂糖で甘みをつけたつゆのことで、これを水やだし汁で薄めるだけでさまざまな用途に使えるので、とても便利です。そばのつゆはもちろん、煮魚や肉じゃが、筑前煮の煮汁、鍋料理のつゆなど、甘辛い味つけの料理なら万能。濃さも、水やだし汁の量を加減するだけで自由自在、味がきちんと決まります。

いったん火を入れて冷ますので保存性も高く、冷蔵庫で1カ月ほどもつので、まとめて作っておくと料理がぐんと楽になります。

yonesuke's voice

これは便利だね！
とくに僕は麺好き。
〝一日一麺〟食べるから、
「かえしつゆ」があると助かります。

鍋にすべての材料を入れて強火にかけ、ひと煮立ちしたら火を止める。冷ましてから保存容器に入れて冷蔵庫で保存する。日持ちは1カ月ほど。

材料(作りやすい分量)

醤油 … 500mℓ
みりん … 100mℓ
砂糖 … 60g

かえしつゆの定番は、この使い方

油揚げとねぎのそば

牛肉じゃが（84ページ）やさばのあっさり煮（82ページ）のように素材に旨みがあるときは、かえしつゆを割るのは水。でもそばのように、つゆに旨みが必要なときはだし汁を使います。具はシンプルですが、油揚げとねぎからも旨みが出るので、味わい豊かです。

材料（2人分）

そば（乾麺）… 100g
油揚げ … 1枚
長ねぎ … ½本
三つ葉の軸 … 適量
つゆ｜だし汁（→p.16）… 300mℓ
　　｜かえしつゆ … 30mℓ

① そばは袋の表示どおりにゆで、流水で洗い、水気をきる。
② 油揚げは熱湯を回しかけて油抜きをし、4等分にする。長ねぎは5cm長さに切り、表面に斜めに切り目を入れる。三つ葉の軸も5cm長さに切る。
③ 鍋につゆの材料、油揚げ、長ねぎを入れて中火にかけ、ひと煮立ちしたら、①を加えて温め、三つ葉を入れてさっと温める。器2つにそれぞれ盛る。

 器／荒賀文成（宙）

フライパンでいい、簡単煮魚

さばのあっさり煮

「煮魚の味が決まらない」というかたは、**かえしつゆが1に対して6倍量の水、それに砂糖で甘みを足せば**、絶対に失敗なし。魚はスーパーで売られている切り身で充分。今回はさばを使いましたが、鯛やさわら、金目鯛、かれいなど、**煮魚に向く魚ならどれでも**かまいません。ただし、塩をして湯に通す下ごしらえは忘れずに。ごぼうは、たたいてせんいをくずすことで味がしみやすくなります。

材料（2人分）

さばの切り身 … 2切れ
塩…適量
ごぼう … 10cm長さ
長ねぎ … 20cm長さ
しいたけ … 2個
しょうが（薄切り）… 1かけ分
絹さや … 4枚
煮汁
- 水 …300mℓ
- かえしつゆ … 50mℓ
- 砂糖 … 大さじ1

①さばの切り身に塩をふって20分ほどおく。熱湯に10秒ほど浸け、表面が白くなったら引き上げて水にとり、汚れを洗って水気を拭く。
②ごぼうは5cm長さに切り、縦4等分にし、すりこ木で強くたたく。長ねぎは5cm長さに切り、表面に斜めに切り目を入れる。しいたけは軸を取る。
③絹さやは筋を取って、色よくゆでる。
④フライパンに煮汁の材料を入れ、①と②を入れて火にかけ、沸騰したらしょうがを加え、火を弱めて5分煮る。器に盛り、③を添える。

器／荒賀文成（宙）

長く煮ないほうがおいしい！

おでん

「おでんは長く煮込んだほうがおいしい」と思っているかたも多いでしょう。でも練り製品の旨みが出てしまうし、野菜のしゃっきり感も損なわれる。だから、考えを根本から変えましょう！　私の作り方は、**冷たい状態から煮て、沸いたらでき上がり。**ウソでしょ、と思っても一度試してみてください。素材の味がします。キャベツは大きく切って大胆に入れましょう。素材の旨みが淡く移った煮汁とともにどうぞ。

材料（2人分）

お好みの練りもの（ちくわ・さつま揚げなど）… 適量
ゆで玉子 … 2個
キャベツ … 1/4個（270g）
玉ねぎ… 小1/2個
糸こんにゃく（結び）… 4個
厚揚げ … 1枚
煮汁｜水 … 1ℓ
　　｜かえしつゆ … 70mℓ

1. キャベツを半分に、玉ねぎを大きめのくし形切りにする。厚揚げを4等分にする。
2. 土鍋に煮汁の材料を入れ、練りものとゆで玉子も入れて火にかける。
3. ひと煮立ちしたら、糸こんにゃくと①を入れ、再び沸き立つまで軽く煮る。練りものが温まったら食べる。

甘辛い味の煮ものの代表

牛肉じゃが

48ページで「肉じゃが」をご紹介しましたが、**かえしつゆを使えばより簡単**に作れます。ポイントは牛肉を使うこと。旨みの強い牛肉のおかげで、**煮汁はかえしつゆを水で割るだけで充分**。余計な旨みは必要ありません。手間が省けるぶん、ブロッコリーをゆでて添えてみましょう。茶色にかたよりがちな料理の姿を美しくしながら、野菜もより多く食べられます。

材料（2人分）

牛肉 … 100g
玉ねぎ … 50g
じゃがいも … 150g
にんじん … 50g
しらたき … ½袋
ブロッコリー … 適量
煮汁
- 水…400mℓ
- かえしつゆ … 50mℓ
- 砂糖 … 大さじ1

① 玉ねぎは1cm厚さのくし形に切りに、じゃがいもは皮をむき、4～6等分に切る。にんじんは乱切りに、しらたきはざく切りにする。鍋に湯を沸かし、これらを一緒にざるに入れて熱湯に浸け、水気をきる。
② 牛肉は5cm長さに切り、①の熱湯にさっと通して水気をきる。
③ 別の鍋に煮汁の材料と①を加えて落とし蓋をし、強火にかける。沸騰してきたら中火にして10分ほど煮る。
④ さらに5分ほど煮たら②の牛肉を加えて火を少し強めにし、煮汁が⅓量くらいになるまで煮る。
⑤ ブロッコリーは小房に分け、熱湯でゆでておく。
⑥ ④を器に盛り、⑤のブロッコリーを散らす。

筑前煮

じつは肉じゃがと同じ煮汁です

根菜と鶏肉を煮た、白いご飯によく合う定番料理。**かえしつゆを使えば、味がブレることなく**おいしく作れるんです。配合は**かえしつゆが1に対して水を8倍量、それに砂糖で甘みをプラス**するだけ。肉じゃがの煮汁の分量と同じです。でも使う素材が違えば、まったく違う味になるんですよ。鶏肉は根菜が煮上がってから加えて軽く煮るので、柔らかく、ジューシーに仕上がります。

材料(2人分)

鶏もも肉(ひと口大に切る)… 150g
里いも(皮をむいて乱切り)… 75g
れんこん(皮をむいて乱切り)… 50g
にんじん(皮をむいて乱切り)… 50g
ごぼう(斜め薄切り)… 30g
ゆでたけのこ(乱切り)… 70g
しいたけ(軸を取って4等分に切る)… 2個分
こんにゃく … 70g
煮汁 | 水 … 400mℓ
　　 | かえしつゆ … 50mℓ
　　 | 砂糖 … 大さじ1
絹さや(筋を取ってさっとゆでる)… 6枚

①鍋に湯を沸かし、里いも、れんこん、にんじん、ごぼう、ゆでたけのこ、しいたけ、こんにゃくを一緒にざるに入れ、熱湯にくぐらせる。ざるごと引き上げて水気をきる。
②鶏肉を①の湯にくぐらせ、水にとって水気をきる。
③鍋に①と、煮汁の材料を入れて落とし蓋をし、強火にかける。煮立ってきたら中火にし、しばらく煮る。
④③の煮汁が半量になったら、②を加えて軽く煮る。
⑤器に盛りつけ、絹さやを斜め半分に切って散らす。

豆乳とかえしつゆのマイルドな煮汁で

ぶりの豆乳しゃぶしゃぶ

しゃぶしゃぶの煮汁の味つけにも、かえしつゆが重宝します。かえしを割るだしは、旨みたっぷりの豆乳を使えばさらに簡単。ぶりは刺身用を使うので、火は通らなくて大丈夫。煮汁にさっとくぐらせて、**脂が溶け、甘みが出た半生の状態がおすすめ**です。むしろ、火を通しすぎると固くなるので気をつけましょう。煮汁も沸き立つより、ほんの軽く**沸くか沸かないか程度**のほうが、素材の持ち味が引き立ちます。

材料（2人分）

ぶり（刺身用のさく）… 1さく
レタス … 4枚
えのきだけ … 1袋
煮汁
- 水 … 500㎖
- 豆乳 … 200㎖
- かえしつゆ … 100㎖

①ぶりを薄切りにする（刺身を使ってもよい）。レタスは葉を1枚ずつはがす。えのきだけは石づきを切り落とし、ざるに入れて熱湯にさっと浸け、水で洗って水気をきる。

②土鍋に煮汁の材料を入れて火にかけ、ほんの軽く沸いたら①のレタスとえのきだけを入れる。

③ぶりをさっとくぐらせ、半生に火が通ったら食べる。

寄せ鍋

かえしつゆと水のさっぱりした煮汁で

寄せ鍋は、何種類もの魚介と野菜を煮た鍋料理。**つゆは、かえしつゆを10倍量の水で割れば**でき上がり。素材から旨みが出るので、**だし汁は使いません**。食べ終わったあとの煮汁には素材の旨みがたっぷり出ていますから、〆にうどんを入れたり雑炊にしたりして、余すところなく食べてください。大切なのは、魚介を煮すぎないこと。煮えたら先に魚介を食べて、そのあと野菜や豆腐を食べるといいでしょう。

材料(2人分)

はまぐり … 4個
鯛の切り身 … 1切れ25g × 6切れ
えび … 6尾
長ねぎ … 1本
春菊 … ¼束
豆腐 … ½丁
煮汁 ｜ 水 … 800mℓ
　　 ｜ かえしつゆ … 80mℓ

1. はまぐりは、殻をこすり洗いして汚れを落とす。えびは殻をむき、背ワタを取る。長ねぎは5cm長さに切り、表面に斜めに切り目を入れる。春菊は固い根元を切り落とす。豆腐は食べやすい大きさに切る。
2. 鯛の切り身と①のえびは、それぞれ熱湯に浸けて、うっすら白くなったら冷水にとり、水気をきる。
3. 土鍋に煮汁の材料を入れ、春菊以外のすべての具材を入れて火にかける。煮汁が沸いてはまぐりの口が開いたら、春菊を入れる。

野﨑料理長おすすめ

けんちん汁のリメイク術

体にやさしい具だくさん汁もの

けんちん汁

シニアにおすすめしたい、具だくさんのけんちん汁。野菜、根菜、きのこ、大豆加工品をたっぷり使った、素材の滋味あふれる具だくさんの汁ものは、栄養が摂れるだけでなく心も満たしてくれます。また**少量作ってもおいしくないので、作るなら一度に6人分以上**がいいでしょう。煮ものは冷めるときに味が入るので、たくさん作って翌日食べると、また味が深まっています。豚汁に、カレーにと簡単にリメイクできるので、食べ飽きることもありません。

材料(6人分)

- 大根(5mm厚さのいちょう切り)…250g
- にんじん(5mm厚さのいちょう切り)…130g
- 里いも(皮をむいてひと口大に切る)…250g
- こんにゃく…200g
- ごぼう(3mm幅の小口切り)…100g
- しいたけ(軸を取って4等分に切る)…10個分
- 油揚げ(幅を半分にして1cm幅の短冊切り)…2枚分
- 長ねぎ(1cm幅の小口切り)…2本分
- 絹ごし豆腐…300g
- 煮汁
  - 水…2ℓ
  - 醤油…100mℓ
  - 昆布…5cm角1枚
  - ねぎの青い部分(あれば)…適量

①こんにゃくはスプーンで一口大にちぎる。

●こんにゃくは、切るよりもちぎったほうが味がしみやすくなります。

②鍋に湯を沸かし、大根、にんじん、里いも、しいたけ、①はざるに入れて20秒ほど浸け、引き上げる。同じ湯に油揚げをさっと通し、水気をきる。

③別の鍋に水と昆布、②の野菜、ごぼうを入れて火にかけ、ひと煮立ちしたらねぎの青い部分を入れ、火を弱めて煮る。

④途中アクを取りながら、野菜が柔らかく煮えたら、ねぎの青い部分を取り出す。豆腐を手でちぎって加える。

●豆腐はちぎって表面積を広げると、旨みを出しながら周りの旨みもしみ込んで、おいしくなります。

⑤ねぎと油揚げを加えて醤油で味つけし、ひと煮したら完成。

⑥食べ残った分は容器に入れて、冷蔵庫で保存する。日持ちは5日ほど。

けんちん汁のリメイクレシピ

豚汁

豚肉を加えるだけで食べごたえ抜群

けんちん汁を**温め直して、仕上げに豚肉を入れるだけ**。これで豚汁のでき上がりです。豚肉はあらかじめさっと湯に通しておくことで、ぐんとコクが増すのに、汁にアクが出ないのですっきりした味わいに。煮る時間も短くてすむので、豚肉が柔らかくジューシーにいただけます。豚肉は大きめに切ることで、食べごたえが出るとともに、よく噛んで食べることにもつながります。

材料(2人分)

けんちん汁(→p.88) … 500mℓ
豚ばら薄切り肉 … 100g
わけぎ(小口切り) … 適量

① 豚ばら肉を5cm長さに切る。
② 鍋に湯を沸かし、①をざるに入れて浸けて箸でほぐし、うっすら白くなったら(a)、引き上げて水気をきる。
③ 別の鍋にけんちん汁を入れ、②を加えて火にかけ(b)、温まったら椀に盛り、わけぎをのせる。

a 湯に通すひと手間で、アクや雑味が出ず、汁もクリアでとてもおいしくなります。うっすら白くなる姿から、〝霜降り〟といいます。

b 冷蔵庫に入っていたけんちん汁を鍋に入れ、湯通しした豚肉も入れてから火にかけて、温まればでき上がり。すぐに食べられます。

さっぱり味のなつかしい味

カレーライス

カレーをいちから作るのは大変ですね。そんなとき、**けんちん汁にカレー粉を入れて、片栗粉でゆるくとろみをつける**だけで即席カレーが作れます。どなたにも好まれる淡い味つけなので、お好みでソースや醤油をかけたり、具を増やすなどするとよいでしょう。やさしくてどこかなつかしい味は、おかわりしたくなるおいしさです。

材料（2人分）

けんちん汁（→p.88）… 500mℓ
豚ばら薄切り肉 … 100g
にんにく（すりおろし）… 1かけ分
しょうが（すりおろし）… 1かけ分
カレー粉 … 5g
水溶き片栗粉 ｜ 水 … 大さじ2
　　　　　　 ｜ 片栗粉 … 10g
温かいご飯 … 2膳分
しば漬け … 適量

1. 豚ばら肉を5cm長さに切る。鍋に湯を沸かし、豚肉をざるに入れて浸けて箸でほぐし、うっすら白くなったら引き上げ、水気をきる。
2. 別の鍋にけんちん汁を入れ、にんにく、しょうが、カレー粉を入れて火にかける。沸いてカレー粉がなじんだら①を入れ、水溶き片栗粉を加えて混ぜ、とろみをつける。
3. 器にご飯を盛り、カレーをかけ、しば漬けを添える。お好みで醤油やウスターソースをかけるとよい。

バランスのよい献立で、毎日健康に！

おうちでごはんを作って食べることは、**体を動かし、頭を使い、さらに自然の素材からさまざまな栄養が摂れて、何よりの健康の秘訣**だと思っています。

　私は、シニアごはんは、おいしく炊けた白いご飯と、具だくさんの汁もの、この2品で充分だと思っています。エネルギーとなるお米、せんい質豊富な根菜と適度な脂肪、たんぱく質豊かな肉が入った汁、塩分補給にもなる味噌や醤油。栄養バランス抜群です！

　でもそれでは食卓がさびしいですし、栄養もちょっと足りない。だから、主菜に魚、副菜に野菜があれば完璧です。簡単だからシニアが毎日作れて、心も体も満足な一汁二菜になります。台所に立つ時間はだいたい1時間、ご飯が炊ける間にすべてそろうでしょう。

yonesuke's voice

具だくさんの汁ものは、
煮るだけでいいから僕でも失敗なく作れる。
けんちん汁は作りおきもできる。
ご飯は献立の基本だけど、
温め直して食べるなら、
ベスト献立が30分で作れるんだね。

「ベスト献立」の段取りスケジュール

あらかじめ	けんちん汁を作っておく（→p.88）。
1時間前	米を洗い、15分水に浸ける。
45分前	米をざるに上げ、15分ほど水気をきる。
30分前	米を炊飯器の早炊きモードで炊き始める。 さばに塩をふって、20分ほどおく。 かぶを切って塩をふる。10分おき、もんで5分おく。
15分前	かぶを湯に浸け、冷水にとって水気を絞り、器に盛る。
10分前	けんちん汁を温め、別の鍋で豚肉を湯通しして加え、軽く煮る。 さばを水洗いし、フライパンで焼く。
完成！	いただきます！

（お使いの調理道具や熱源、料理経験などによって、時間は多少異なります。）

野崎料理長の考えるベスト献立

主菜：さばのひと塩焼き（→ p.18）

副菜：かぶの即席漬け（→ p.14）

飯：白飯（→ p.8） -------- 何も食べたくないときは、この2品でも充分 -------- 汁：豚汁（→ p.90）

軽くすませたいときは、ワンプレートディッシュで

ランチやあまり食欲のないときは、ご飯をおにぎりにして簡単なおかずを添え、ひと皿に盛るのもおすすめです。このときも、お米、野菜、たんぱく質を必ず入れると、栄養バランスがよくなります。緑色の野菜を立てかけるなどして立体的に盛ると、見栄えがよく食欲をそそります。洗いものも少なくてすむから、シニアにはうれしいワンプレートです。

鮭のひと塩焼き（→ p.18「さば」を甘塩鮭に替える。塩はふらない）

小松菜のおひたし（→ p.44）

トマトとにらのスクランブルエッグ（→ p.66）

おにぎり（→ p.8「白飯」をにぎる）

おいしく食べるには、盛りつけも大切！

一、立体的に盛る

煮ものや和えものなど鉢に盛る料理は、真ん中を高くして自然な山形にするとバランスがとれ、安定感が出ます。ざっくり盛ると乱雑で美しくなく、味も損なわれてしまいます。

焼き魚のように平皿に盛るときは、ブロッコリーのような変形の野菜を添えたり、青菜を重ねたり立てかけたりすることで立体感が出てきます。ステーキや焼き鶏など、お箸でつまめるよう、ひと口大に切り分けたときは、ずらしたり立てかけて盛ると簡単です。

二、野菜を色と形のアクセントに

料理の色合いが単調になるとき。たとえば、醤油で茶色を帯びた煮ものなどに、鮮やかな緑や赤、黄色の野菜を混ぜたり仕上げに飾るだけで、見た目のアクセントになり、食欲がわいてきます。野菜の種類を多く食べられるのも、シニアにはおすすめ。面倒なら、ねぎや大葉などの薬味を、天に盛るだけでもいいでしょう。

地味な色合いの料理に
絹さやの緑色が彩りを添える

平面的な料理には
高さのある野菜を添えて

同じ和えものでも

○
自然な山形になって立体的

×
立体感がなく乱雑な印象

単調な色の料理に、
大葉の緑色がアクセント

少しずらしたり立てかけるだけでも、
立体的に

ヨネスケ

タレント。落語家としては桂 米助。1948年、千葉県生まれ。高校卒業後、桂 米丸氏に弟子入りし、81年真打ちに昇進。その人情味あふれるキャラクターで幅広い年齢層に親しまれ、とくにテレビ番組「突撃！隣の晩ごはん」で長年お茶の間を楽しませてきた。2015年、67歳で一人暮らしとなり、料理の大切さ、おもしろさに目覚めている。

野崎洋光（のざき・ひろみつ）

東京・南麻布「分とく山」総料理長。1953年、福島県生まれ。従来の考え方にとらわれない自分の料理哲学を、やわらかな語り口で分かりやすく説く料理人として人気。つねに家庭料理の大切さ、家庭でしか作れないおいしさを唱えている。『和のおかず決定版』『和食のきほん、完全レシピ』（いずれも世界文化社刊）など、著書も多数。

撮影　南雲保夫
デザイン　縄田智子（L'espace）
スタイリング　岡田万喜代
イラスト　塩川いづみ
校正　株式会社円水社
編集　原田敬子

器協力　宙（そら）
電話 〇三―三七九一―四三三四

簡単だから毎日作れる
シニアごはん

発行日　二〇一六年一二月二五日　初版第一刷発行
二〇二三年 一 月一五日　第八刷発行

著　者　野﨑洋光、ヨネスケ
発行者　竹間 勉
発　行　株式会社世界文化ブックス
発行・発売　株式会社世界文化社
〒一〇二―八一九五 東京都千代田区九段北四―二―二九
電話 〇三―三二六二―五一一八（編集部）
電話 〇三―三二六二―五一一五（販売部）

印刷・製本　共同印刷株式会社
ＤＴＰ製作　株式会社明昌堂

ISBN 978-4-418-16347-2